"十四五"时期国家重点出版物出版专项规划项目·重大出版工程规划

中国工程院重大咨询项目成果文库

新形势下
能源新技术战略性新兴产业发展战略研究

彭苏萍 等 编著

科学出版社

北京

内 容 简 介

能源新技术战略性新兴产业发展进入"十四五"时期将面临新形势、新问题的严峻挑战。新形势与新变化下，实现能源供给安全仍是根本，低碳、智能化、绿色发展将是能源新技术产业发展的热点问题。本书分析"十四五"及中长期能源新技术战略性新兴产业发展面临的新形势与新问题，研究能源新技术新兴产业发展的核心工业基础现状、重点领域短板及"卡脖子"问题，提出"十四五"能源新技术战略性新兴产业发展思路与目标、重点任务及工程科技攻关项目，给出能源新技术2035年远景目标、战略路线图，以及能源新技术新兴产业区域产业布局与国际化发展战略。

本书可供能源领域的行业管理人员、科研人员、高等院校师生阅读，也可为政府部门决策提供参考。

图书在版编目（CIP）数据

新形势下能源新技术战略性新兴产业发展战略研究 / 彭苏萍等编著. --北京：科学出版社，2025.1
（中国工程院重大咨询项目成果文库）
"十四五"时期国家重点出版物出版专项规划项目·重大出版工程规划
ISBN 978-7-03-078191-8

Ⅰ．①新⋯ Ⅱ．①彭⋯ Ⅲ．①能源工业－新兴产业－产业发展－研究报告－中国 Ⅳ．①F426.2

中国国家版本馆 CIP 数据核字（2024）第 055590 号

责任编辑：陈会迎 / 责任校对：张亚丹
责任印制：张 伟 / 封面设计：有道设计

科学出版社 出版
北京东黄城根北街 16 号
邮政编码：100717
http://www.sciencep.com

北京厚诚则铭印刷科技有限公司印刷
科学出版社发行 各地新华书店经销

*

2025 年 1 月第 一 版　开本：720×1000　1/16
2025 年 1 月第一次印刷　印张：7
字数：141 000

定价：118.00 元
（如有印装质量问题，我社负责调换）

编写组成员名单

综合组
  彭苏萍 张 博 孙旭东

煤炭清洁高效利用产业组
  高 丹 侯家萍

非常规油气产业组
  赵培荣

能源互联网与先进输电产业组
  周 捷 王 路 代 攀 周弘毅 王仲达 阮冬玲

核能产业组
  苏 罡 孙晓龙 王洋洋 阮天玥

风力发电产业组
  冯 煜 韩花丽 张万军

太阳能光伏发电产业组
  孔凡太 田兴友

太阳能热发电产业组
  王志峰 张剑寒

生物质能产业组
  袁振宏 王 闻

地热能产业组
  王贵玲 何雨江 王艳艳

氢能与燃料电池产业组
  孙旭东 段星月 王心怡

目 录

第一章 "十四五"及中长期能源新技术战略性新兴产业发展面临的新形势、新问题 1
- 第一节 国际发展形势变化 1
- 第二节 国内发展新形势 20
- 第三节 产业发展新趋势 30

第二章 能源新技术新兴产业发展的核心工业基础现状、重点领域短板及"卡脖子"问题研究 40
- 第一节 核心工业基础现状 40
- 第二节 重点领域短板及"卡脖子"问题分析 48

第三章 "十四五"能源新技术战略性新兴产业发展思路与目标、重点任务及工程科技攻关项目 59
- 第一节 发展思路 59
- 第二节 发展目标 64
- 第三节 重点任务 69
- 第四节 工程科技攻关项目 74

第四章 能源新技术 2035 年远景目标与战略路线图研究 81
- 第一节 面向 2035 年的远景目标 81
- 第二节 战略路线图 84

第五章 能源新技术新兴产业区域布局及国际化发展战略研究 92
- 第一节 区域布局 92
- 第二节 国际化发展战略 96

第六章 措施建议 100

参考文献 105

第一章　"十四五"及中长期能源新技术战略性新兴产业发展面临的新形势、新问题

我国能源新技术产业实现快速发展，规模稳居世界第一，为全球能源绿色低碳转型和应对气候变化作出巨大贡献。截至2020年底，我国可再生能源发电装机容量达到9.3亿千瓦，占总装机容量的比例达到42.4%。其中，以风电和光伏发电为代表的能源新技术产业快速发展，风电和光伏发电装机容量分别达到2.8亿千瓦和2.5亿千瓦，分别连续11年和6年稳居全球首位。生物质发电装机容量为2952万千瓦，连续3年居全球首位。2020年，我国可再生能源发电量达到2.2万亿千瓦·时，占全社会用电量的比例达到29.5%，使我国非化石能源消费占一次能源消费比例达15.9%，如期实现2020年达到15%的庄严承诺。截至2020年底，我国装机容量的40%左右是可再生能源，发电量的30%左右是可再生能源，可再生能源发电装机容量居世界第一（国家能源局，2021）。

能源新技术战略性新兴产业发展进入"十四五"时期将面临新形势、新问题的严峻挑战。特别地，全球大范围的供应链中断和项目建设延误对能源工程项目投资、设施制造与生产活动产生直接影响。此外，生产活动、出行和进出口贸易等的限制明显降低了运输和工业中的能源需求与能源消耗。世界正在经历一场深层次的科技革命和产业变革，能源发展呈现低碳化、电力化、智能化趋势。碳中和背景下，低碳化已经成为我国能源发展的硬约束，对我国合理谋划煤炭行业及能源转型路径，持续推动煤炭行业高质量发展提出了新的更高要求。新形势与新变化下，实现能源供给安全仍是根本，低碳、智能化、绿色发展将是能源新技术产业发展的热点问题。

第一节　国际发展形势变化

（一）全球煤炭消费占比逐步下降，先进燃煤发电和CCUS是技术发展重点

煤炭仍是全球第二大能源。2019年，全球煤炭消费量达到53.9亿吨标准煤，同比下降0.6%，占全球一次能源消费总量的27.0%（BP，2019），如图1.1所示。

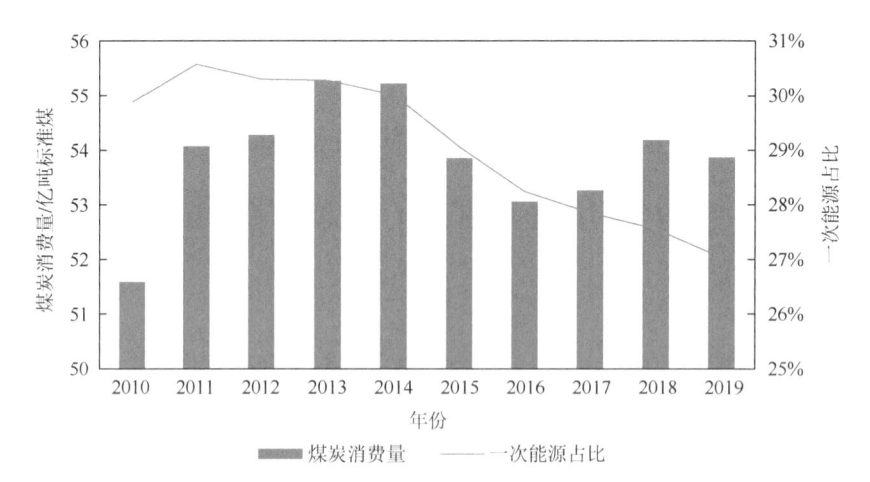

图 1.1　世界煤炭消费量及其一次能源占比

资料来源：英国石油（British Petroleum，BP）公司

燃煤发电仍是煤炭利用的主要方式，在经济合作与发展组织（Organisation for Economic Co-operation and Development，OECD）成员国电煤占比超过 80%。2019 年全球燃煤发电量达 9.8 万亿千瓦·时，同比下降 2.65%，占全球总发电量的 36.4%。从发电量来看，全球燃煤发电在地理分布上高度集中，年发电量超过 1000 亿千瓦·时的有中国、印度、美国、日本、韩国、南非、俄罗斯、印度尼西亚、德国等 13 个国家。其中，中国、印度、美国三国燃煤发电量占全球燃煤发电量的 71.71%。全球能源监测机构（Global Energy Monitor）发布的报告显示，2020 年上半年全球总共投产了 18.3 吉瓦煤电，包括中国（11.4 吉瓦）、日本（1.8 吉瓦）、德国（1.1 吉瓦）等，退役 21.2 吉瓦煤电，全球煤电装机容量首次出现下滑，总装机容量减少至 2047 吉瓦，这是半年期内煤电退役产能首次超过投产产能。

近年来随着碳排放约束的收紧，全球范围内煤炭消费占一次能源消费比例持续下降，欧洲、美国、日本等地区或国家煤炭利用技术发展发生了重大转变，先进燃煤发电和碳捕集、利用与封存（carbon capture, utilization and storage，CCUS）技术是重点发展方向。目前国际上先进燃煤发电技术发展总体趋势为：清洁低碳、安全高效、灵活智能。美国正积极打造化石能源、核能和可再生能源的能源组合，同时发展清洁能源技术，提出了"清洁煤技术示范项目"（Clean Coal Technology Demonstration Program）和"清洁煤电倡议"（Clean Coal Power Initiative）；公布了具有未来先进煤电机组特征的"煤炭优先"（Coal FIRST）计划，涵盖煤和天然气联合循环、间接超临界二氧化碳（supercritical carbon dioxide，sCO_2）循环、先进超超临界蒸汽发电、整体煤气化联合循环（integrated gasification combined cycle，IGCC）、富氧燃烧系统及直接合成气/热解气超临界二氧化碳循环等。日本计划以

CCUS 技术创新为支柱构建碳循环再利用体系,并提出"日本煤炭政策"(Japan's Coal Policy)、"策略性能源计划"(Strategic Energy Plan)和"环境技术创新战略"(Environmental Technology Innovation Strategy)。欧洲提出电力向多样化可再生能源转变,提高能源效率,发展 CCUS 技术,并提出了"兆卡计划"(Thermic Program)、"研究和技术发展框架方案"(Framework Programmes for Research and Technological Development)、"地平线欧洲"(Horizon Europe)等,包括利用 CCUS 技术、焦炭和精炼石油产品技术等生产低碳氢气。

CCUS 作为减缓温室气体排放和促进煤炭可持续利用的战略性技术选择之一,其技术成熟度和经济可承受性是该技术推广应用的重要前提。世界各用煤大国积极推进 CCUS 技术的发展和应用。位于美国得克萨斯州的"佩特拉诺瓦"(Petra Nova)项目于 2017 年启动并运营成功。得益于全球金融危机后 1.63 亿美元的刺激资金,该项目是燃煤电厂安装的最大的燃烧后碳捕集系统,每年可捕集 140 万吨二氧化碳用于提高采收率,即利用注入的二氧化碳来提取无法采出的石油。2020 年 6 月,全世界最大的 CCUS 系统"阿尔伯塔碳干线"(Alberta Carbon Trunk Line,ACTL)集群项目在加拿大阿尔伯塔省开始投入运行。该项目可以封存和利用大量来自工业排放源的二氧化碳,同时可以支持阿尔伯塔省和附近地区的低碳经济发展,该项目首期每年将捕集和封存 180 万吨二氧化碳,实现 150 万吨减排量,每年相当于减少 33 万台汽车碳排放量(陕西延长石油集团,2020)。国际能源署(International Energy Agency,IEA)于 2020 年 9 月公布的《清洁能源转型中的 CCUS》报告指出,CCUS 是唯一既有助于直接减少关键领域的排放,又有助于消除二氧化碳以平衡难以避免的排放的技术——这是"净"零目标的关键部分。

(二)为适应低碳、新能源发展趋势,以 BP 为代表的欧洲国际巨型油气公司提出战略转型,美国持续引领全球页岩油气产业发展,但遭遇新冠疫情严重冲击

国际油气公司正在认识到在全球气候影响下,为应对不可持续的碳排放趋势,能源市场已经开始向低碳和新能源方向发生根本性和永久性的改变,能源低碳化和无碳化正成为当代能源转型的大趋势,以 BP 为代表的国际巨型油气公司开始提出公司未来的战略转型发展方向。2020 年 8 月 4 日,BP 在第二季度业绩发布会上同时宣布公司未来十年的全新战略——以低碳和客户为中心,完成从国际石油公司(international oil company,IOC)到一体化能源公司(integrated energy company,IEC)的转变。BP 的此次新战略有着具体的、颠覆性的实现目标,公司业务重组为低碳电力和能源、便利零售和移动出行、高效益油气三个重点领域

板块。2020~2030年，BP的油气产量将减少40%；低碳投资将增长9倍，从2020年的5亿美元增长到2030年的50亿美元；整体运营业务所产生的碳排放减少30%~35%。BP成为首个明确提出大幅度减持主体油气业务、加速推行新能源/新业务规模化扩张的具体战略目标的国际石油巨头，由此翻开了国际油气工业新的一页。

在页岩油气产业的推动下，美国的天然气和原油出口量大于进口量，基本实现了"能源独立"，并深刻改变了世界能源格局，加剧了世界油气供应主导权的争夺。2020年在新冠疫情的叠加影响下，全球原油需求不振，导致全球油价剧烈震荡。美国西得克萨斯轻质中间基（原油）[West Texas Intermediate（Crude Oil），WTI] 2020年5月原油结算价格史无前例地收跌在负值区间。受油价的影响，以切萨皮克能源公司（Chesapeake Energy Corporation）为代表的一批页岩油气公司相继破产，给美国页岩油气产业带来严重冲击。为应对中美贸易摩擦及国际政治局势不稳定局面，国内油气企业加大了油气勘探开发力度，我国实现了原油产量止跌回升、天然气产量持续增长的良好局面。

（三）全球能源合作需求旺盛，先进输电工程持续发展，打通能源互联互通瓶颈

中美贸易摩擦对我国传统能源行业存在间接影响，可能造成部分工业行业产出增速下降，从而对能源需求产生一定的负面影响，但整体影响有限：一方面，虽然美国对华贸易保护措施使机动车及零配件、电子设备制造、机械设备制造等行业产出增速下降，但我国的反制措施将促进轻工业等行业产出增长，从而抵消了部分负面影响；另一方面，中央提出加快构建以国内大循环为主体、国内国际双循环相互促进的新发展格局，我国工业企业可以借此规避过多依赖国外单一市场带来的较大风险。中美贸易摩擦对我国用电需求影响较小，摩擦涉及领域的工业产品占本领域行业总产值的比例较低，考虑到共建"一带一路"国家对美国出口的替代效应，中美贸易摩擦对所涉及领域的产出和用电需求影响不大。未来贸易摩擦的广度和持续时间还存在不确定性，更应该关注短期较为确定的因素，如经济基本面运行平稳、各项改革稳步推进、经济增长具有较强的内生动力。在此情况下，经济的平稳运行将支撑能源电力需求的稳定增长。

新冠疫情给能源互联网带来短期和长期影响。新冠疫情加速了全球能源格局的演进或重塑，从整体格局来看，全球能源供过于求今后会更加明显。这使得主要能源生产国的竞争加剧、协调更加困难，能源消费大国今后的话语权、定价权会进一步增强。此外，新冠疫情加速了全球低碳转型的进程，包括中国在内的许多国家准备把新能源投资作为经济复苏的重要手段，传统化石能源投资将受到较

大冲击，新能源投资会更快地恢复且逆势增长。因此，今后应更加重视和加快新能源电气化等领域的投资和合作，更积极地参与和推动国际能源组织的工作。在未来的能源治理领域，除了主权国家，国际组织、非政府机构和能源智库的作用越发凸显，气候合作与能源合作应更加紧密地结合和协同，全球气候治理必须以推动能源基础设施建设和产业绿色转型为抓手。

"一带一路"倡议是我国参与全球开放合作、改善全球经济治理体系、促进全球共同发展繁荣、推动共建人类命运共同体的中国方案。"一带一路"建设有利于整合各国产能优势、技术优势、资金优势、资源优势、市场优势，推进各国互利合作，在更大范围、更高水平、更深层次开展区域合作，为世界经济增长提供新动力。能源是人类社会发展的重要物质基础，攸关各国国计民生，是"一带一路"建设的重要内容。全球能源互联网是清洁能源在全球范围大规模开发使用的平台。全球能源互联网的建设将推动各国释放发展潜力，助力"一带一路"建成繁荣之路。构建"一带一路"国家能源互联网对落实"一带一路"倡议意义重大。共建"一带一路"国家大多能源资源富集，能源领域合作是各经济走廊建设的重要组成部分。"一带一路"国家能源互联网以清洁能源开发和电力互联互通建设为重点，以点带线、以线带面，打通能源互联互通瓶颈，切实推进经济共同发展，为共建"一带一路"国家能源电力发展和合作提供新思路与新方案，搭建新框架。

（四）国际核电装机容量及发电量持续增长，疫情影响需求下降，导致新建或者主要核电厂升级工作推迟

1. 在全球气候变化影响减排目标的情况下，核电装机容量及发电量持续增长，核电行业不同区域发展各有侧重

截至 2019 年 12 月 31 日，全球共有 443 座在运核电反应堆，总装机容量为 392.1 吉瓦，较 2018 年减少约 4.3 吉瓦。2019 年全球核电发电量为 2657 太瓦·时，比 2018 年增加 95 太瓦·时。这是自 2012 年以来全球核电发电量连续第七年保持增长趋势，且较 2012 年增加 311 太瓦·时，仅次于 2006 年的 2661 太瓦·时。2019 年，6 座新的压水堆（其中中国 2 座、俄罗斯 3 座、韩国 1 座）并网，新增总装机容量达 5174 兆瓦，13 座核电机组被永久关闭，5 座核电机组新建项目启动。核电近期和远期增长前景仍集中在亚洲。截至 2019 年 12 月 31 日，共有 54 座核电反应堆在建，其中 35 座位于亚洲。

在全球气候变化问题日趋严峻、碳减排诉求不断增强的背景下，核电因低碳高效、技术成熟、能量密度大等优势，在全球能源转型中发挥着越来越重要的作

用，已成为未来清洁能源系统中不可缺少的重要组成部分。为实现1.5℃温控目标，全球特别是经济和电力需求急剧增长的新兴国家对高燃料效率和零碳的核能需求正在扩大。根据国际原子能机构（International Atomic Energy Agency，IAEA）的预测，在高增长假设方案下，2030年全球核电净装机容量将增加21%，达到475吉瓦，2050年全球核电净装机容量将增加82%，达到715吉瓦，占全球发电装机容量的4.5%；在低增长假设方案下，2040年全球核电净装机容量将下降11%，2050年再反弹至363吉瓦，占全球发电装机容量的2.3%，详见表1.1。

表1.1 全球发电装机容量及核电净装机容量预测

参数	2019年	2030年		2040年		2050年	
		低增长	高增长	低增长	高增长	低增长	高增长
发电装机容量/吉瓦	7410	10722	10722	13272	13272	15978	15978
核电净装机容量/吉瓦	392	369	475	349	622	363	715
占比	5.3%	3.4%	4.4%	2.6%	4.7%	2.3%	4.5%

2. 疫情影响全球核电发电量下降，核电行业不同区域发展各有侧重

2020年6月11日，国际原子能机构发布报告，虽然新冠疫情并未造成任何核电站关闭，但是各国采取的限制性措施导致用电需求下降，并且新冠疫情的中长期影响或将导致新核电机组建设项目或者主要核电厂升级工作推迟，进而对核供应链造成不利影响。

美国一贯重视核能发展，始终坚持核能技术基础研发投入。美国能源部国家实验室等涉核研发机构始终坚持核能技术基础研发投入，以钠冷快堆和小堆为抓手开发和部署新一代先进堆，作为美国实现核能中长期发展目标和愿景的关键决策。近年来，随着美国经济社会发展对核电依赖度的增加，如果在运核电站在寿期达60年后退役，那么到2030年将需要22吉瓦的新核电装机容量，到2035年将需要55吉瓦的新核电装机容量来维持20%的核电占比。俄罗斯大力支持核电出口，长期坚持核能战略，稳步推进新核电反应堆技术开发，致力实现先进闭式燃料循环，打造以压水堆、快堆、浮动堆和空间核动力为代表的核电反应堆技术，成为支撑该国核能发展的重要原动力。截至2020年，欧洲有15个国家应用核电，共有132个核电机组，占总发电量的27%，贡献了50%的低碳电源。其中，法国核电占比最高，约为75%。虽然以德国为首的部分国家倡导弃核，但英国、法国及斯洛伐克等国家坚持发展核能。欧洲仍希望在未来持续发展核能，维护其在全

球核电领域的技术优势地位。日本积极谋划核能复兴，《日本能源政策基本法》中预测 2030 年日本核电占比为 20%~22%，以实验快堆和高温气冷堆来推动未来核能研发，实现能源战略目标。

3. 全球产业链面临政治化风险，核能自主创新更加重要

国际局势在逐步改变全球产业链布局，对我国核电产业链相关制造企业也造成了一定程度的影响。2018 年，美国出台《美国对中国民用核能合作政策框架》(*U.S. Policy Framework on Civil Nuclear Cooperation with China*)。2019 年，美国又将我国 4 家核电单位列入出口管制"实体清单"。2020 年 4 月，美国能源部发布《重塑美国核能竞争优势》(*Restoring America's Competitive Nuclear Energy Advantage*)，建议立即采取行动，支持国内铀矿开采商，重建整个核燃料循环前端的生产能力；振兴并巩固核燃料循环前端和国内核工业；在技术和标准方面处于世界领先地位，重建美国在下一代核技术方面的领导局面；增强美国的核出口。国际贸易与投资环境更加复杂，核电"走出去"将面临更多的挑战。相关企业不仅需要考虑投资收益风险、法律法规风险、知识产权风险、核损害赔偿和乏燃料管理风险，而且需要更加关注不断加大的政治化风险。

（五）全球风电产业发展迎来增长拐点，新增装机容量接近历史峰值，累计装机容量首次突破 6 亿千瓦；风电年发电量再创历史新高；风电在部分国家和地区的电力供应中占比进一步提高；风电开发利用成本持续下降

1. 全球风电产业发展现状及趋势

2019 年全球风电新增装机容量达 6035.1 万千瓦，同比增长 17.6%，其中，陆上风电新增装机容量为 5420.6 万千瓦，同比增长 17.0%，海上风电新增装机容量为 614.5 万千瓦，同比增长 41.3%。全球风电年新增装机容量在经历连续 3 年持续下降后首次迎来大幅回升，并达到历史次高水平，接近 2015 年风电新增装机容量峰值，如图 1.2 所示。全球风电累计装机容量由 2009 年的 1.59 亿千瓦增长到 2019 年的 6.51 亿千瓦，年均复合增长率为 15.14%，其中，陆上风电累计装机容量为 6.21 亿千瓦，海上风电累计装机容量为 0.30 亿千瓦。从不同地区来看，2019 年亚洲风电以占全球一半以上的新增装机容量连续 11 年保持全球第一的领先地位，欧洲风电以 25.5%的新增装机容量占比位居第二，北美（16.1%）、拉丁美洲（6.1%）、非洲和中东（1.6%）等地区风电新增装机容量占比紧随其后。亚洲、欧洲、北美是风电累计装机容量最大的地区，非洲和中东、拉丁美洲等风电新兴市场不断发展，大洋洲风电发展较为缓慢。从不同国家来看，2019年全球风电新增装机容量排名前五的国家依次为中国（2615.5万千瓦）、美国（914.3万千瓦）、英国（239.3万千瓦）、印度（237.7万千瓦）和西班牙（231.9万千瓦），其合计风电新增装机容量占全球风电新增装机容量的70.2%；截至2019年底，全球风电累计装机容量排名前五的国家依次为中国（23640.2万千瓦）、美国（10546.6万千瓦）、德国（6140.6万千瓦）、印度（3750.6万千瓦）和西班牙（2580.8万千瓦），其合计风电累计装机容量占全球风电累计装机容量的72%。

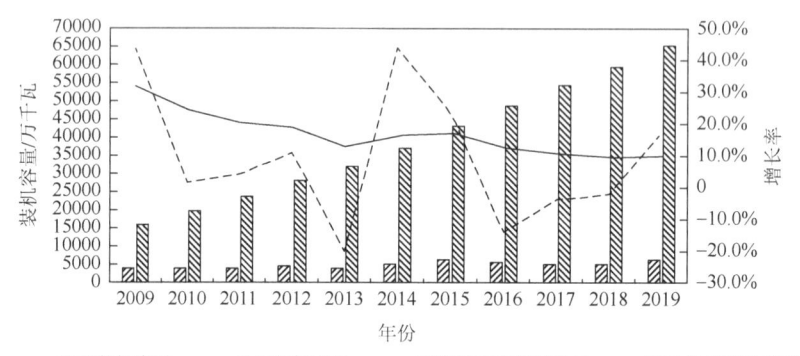

图1.2　2009～2019年全球风电新增和累计装机容量统计

资料来源：国际可再生能源机构

风电在全球能源电力系统中的占比不断提高。2019年，全球风电发电量达14040亿千瓦·时，占全球总发电量的5.5%，是非水可再生能源中发电量占比最高的发电技术。2019年全球风电发电量排名前五的国家依次为中国（4057亿千瓦·时）、美国（3001亿千瓦·时）、德国（1264亿千瓦·时）、英国（653亿千瓦·时）和印度（633亿千瓦·时）。

风电在部分国家和地区的电力供应中的占比也进一步提高。2019年，风电发电量占欧盟全年总发电量的15%，丹麦风电发电量占全国总发电量的比例更是创纪录地达到48%，风电在爱尔兰（33%）、葡萄牙（27%）、德国（26%）、英国（22%）等国家的总发电量中的占比也进一步提高。中国、美国风电发电量占本国总发电量的比例也分别达到5.5%和7.0%。

风电开发利用技术的不断创新进步与应用规模的持续扩大使得全球风电投资规模不断增加，开发成本持续下降。巴西通过特许经营权拍卖招标模式，使得风电价格降到0.021美元/（千瓦·时）；技术和资本的激烈竞争使得印度陆上风电价格降到0.034美元/（千瓦·时）；中国陆上风电开发成本从2013年的0.4元/（千瓦·时）下降到2019年的0.2元/（千瓦·时）。

2. 中美贸易摩擦对我国风电产业影响

中美贸易摩擦对我国风电产业的影响很小。截至 2020 年，由于国内风电市场巨大，国内风电产能基本全部实现内部消化，并吸引了不少国外风电整机商参与中国市场的角逐，风电整机出口量有限，对国际市场依赖程度较小。美国也是风电生产和装机大国，风电机组基本由通用电气（General Electric，GE）公司等美国本土风电企业提供。目前国内外风电机组技术处于并驾齐驱状态，国内风电机组技术对国外依赖程度较小。

另外，在风电原材料方面，风电叶片所需的巴沙木主产国是厄瓜多尔，而大型海上风电主轴轴承等主要零部件主要来自德国、瑞典等欧洲国家。因此，无论是风电市场还是风电技术、风电零部件、风电原材料等，对美国的依赖程度都很小，中美贸易摩擦对我国风电产业的影响很小，基本可以忽略。

3. 新冠疫情对全球风电产业影响巨大

新冠疫情暴发后，全球多国政府先后采取了停工、停产等措施防止疫情蔓延扩散，导致我国主要依赖进口的风电叶片原材料巴沙木、大型海上风电主轴轴承等主要零部件面对极度缺货的局面。中国作为全球风电装机容量贡献最大的国家，叠加 2020~2021 年中国迎来的风电"抢装潮"，一系列因素使得全球风电产业遭受重大打击。新冠疫情对全球风电产业影响的保守估计是使装机容量减少 10%。

（六）2019 年全球太阳能光伏发电新增装机容量第三次突破 100 吉瓦，除中国外全球太阳能光伏发电市场增速明显，亚太地区是全球太阳能光伏发电市场增长的主力

全球太阳能光伏发电新增装机容量从 2017 年的 103.4 吉瓦、2018 年的 102.2 吉瓦增至 2019 年的 114.9 吉瓦，累计装机容量达 627 吉瓦。这是全球太阳能光伏发电新增装机容量第三次突破 100 吉瓦门槛。除中国以外，全球主要太阳能光伏发电市场具有较大幅度的增加，新增装机容量从 2018 年的 58.8 吉瓦增长到 2019 年的 84.9 吉瓦，增长率达到 44%。2018~2019 年，中国太阳能光伏发电新增装机容量下降。2019 年，中国光伏发电新增装机容量为 30.1 吉瓦，位居世界第一；欧盟光伏发电新增装机容量为 16.0 吉瓦，位居世界第二；美国光伏发电新增装机容量为 13.3 吉瓦，位居世界第三；印度和日本光伏发电新增装机容量分别为 9.9 吉瓦和 7.0 吉瓦，位居世界第四、第五。继上述五个国家和地区之后，越南光伏发电新增装机容量首次达到 4.8 吉瓦，西班牙光伏发电新增装机容量为 4.4 吉瓦，澳大利亚

光伏发电新增装机容量为 3.7 吉瓦，乌克兰光伏发电新增装机容量为 3.5 吉瓦，德国经历了另一个增长年，光伏发电新增装机容量为 3.9 吉瓦；荷兰继续扩大规模，光伏发电新增装机容量为 2.4 吉瓦。表 1.2 列出了 2019 年光伏发电新增及累计装机容量前十位的国家和地区，其新增装机容量均超过 3 吉瓦，而 2018 年这一数值只有 1.5 吉瓦。

表 1.2　2019 年光伏发电新增及累计装机容量前十位的国家和地区

排名	国家或地区	新增装机容量/吉瓦	国家或地区	累计装机容量/吉瓦
1	中国	30.1	中国	204.7
2	欧盟	16.0	欧盟	131.7
3	美国	13.3	美国	75.9
4	印度	9.9	日本	63.0
5	日本	7.0	德国（欧盟）	49.2
6	越南	4.8	印度	42.8
7	西班牙（欧盟）	4.4	意大利（欧盟）	20.8
8	德国（欧盟）	3.9	澳大利亚	14.6
9	澳大利亚	3.7	英国（欧盟）	13.3
10	乌克兰	3.5	韩国	11.2

资料来源：国际能源署

美国持续多次对中国挑起贸易摩擦争端，但难以阻止中国光伏产品整体快速出口增长趋势。美国分别在 2011 年、2014 年发起"双反"调查并对自我国进口的光伏产品加征关税，2017 年、2018 年又先后启动"201"及"301"调查并征税。在这些政策的影响下，2019 年中国光伏产品对美国的出口量下降到 90%，基本陷入停滞，而 2019 年中国光伏产品出口总额达到 207.8 亿美元，同比增长 29.0%。

新冠疫情对光伏需求冲击较大，新增装机容量稳中有增。2020 年上半年，新冠疫情在海外不同程度的二次暴发或蔓延使得中东、巴西、法国、葡萄牙等多个国家和地区的光伏项目招标推迟，墨西哥和巴西等国家的本币贬值，汇率剧烈变化使得光伏项目的融资成本有了较大幅度的增加；各国为抑制新冠疫情的传播，对人流、物流的限制增加，对新增光伏并网的审批也出现了延迟，全球光伏电站建设和并网发电的进度受阻；新冠疫情也降低了电力的需求，使得现货电价降低，增大了光伏项目的融资难度。这些不利因素的叠加使得光伏发电新增装机容量在 2020 年上半年出现下滑。2020 年下半年随着疫情逐步得到控制,光伏产品出口稳中有增。2020年全球电力需求下降2%,可再生能源发电量占全球电力供应的比例提升7%,光伏发电量占全球电力供应的比例提升20%,欧盟的光伏发电量在2020年7～9月增至7太瓦·时,创下了历史新高,占欧盟总发电量的8%。

(七)全球太阳能热发电总装机容量稳定增长,发展中国家成为主要市场,配有大容量储热系统的电站成为主流技术,超临界二氧化碳太阳能热发电技术是全球的行业研究热点,太阳能热发电的可调配特性满足电力系统日益增长的灵活性要求

太阳能热发电主要利用太阳法向直接辐照资源,太阳能资源较好的地区包括美国西南部、西班牙、智利北部、北非、中东、南非、印度、中国西北西南部地区和澳大利亚,其中,美国和西班牙是传统太阳能热发电市场,也是全球太阳能热发电装机容量最大的两个国家,由于取消了相应的激励政策,这两个国家在2016年以后的太阳能热发电市场相对沉寂,中东、北非、南非、印度和中国成为太阳能热发电的新兴市场,智利有一个在建的太阳能热发电商业项目,澳大利亚是目前唯一具有良好资源而没有实施太阳能热发电商业项目的国家。2015～2019年,新增电站采用塔式技术与槽式技术的比例大致各占50%,除了少数采用水/蒸汽作为传热流体的电站,大部分新增电站配有不低于可满足4小时发电的大容量储热系统。

基于卡诺效率,温度越高,热机的效率越高。此外,聚光比和工作温度具有相关性。给定聚光比,工作温度升高,效率提高;效率提高到峰值以后,工作温度升高,效率下降。聚光比越高,效率的峰值也越高。基于这个原理,点聚光的塔式技术比线聚光的槽式技术在效率上更具有潜力。采用超临界二氧化碳作为做功工质的热机,在550℃以上其理论效率超过汽轮机,在50～100兆瓦功率和较高的回热温度下也能实现很高的效率,特别适合太阳能热发电技术,是当前全球太阳能热发电技术的研究前沿和热点,中国、美国、澳大利亚、日本和欧洲都有相应的研究部署。

IEA对未来的预测表明,高比例可再生能源接入电网,全球电力结构由以化石能源为主转变为以可再生能源为主已经成为不可逆转的趋势,随着风电和光伏发电的不断接入,不稳定的可再生能源比例越来越高,同时不断增长的制冷需求和电动汽车的广泛使用使得电力系统对灵活性需求的增长大于对电力装机需求的增长。太阳能热发电具有对电网友好的特性,经过多年商业化运行验证,是一种可以替代或与传统化石能源互补的优质可再生能源技术形式。

中美贸易摩擦对我国太阳能热发电技术发展的影响主要体现在减少高端技术交流，我国太阳能热发电技术具有完备的自主生产和研发能力。

当前，我国在全球太阳能热发电市场排名第三，在全产业链上具备生产和研发能力，基本不依赖于美国相关技术和装备。在太阳能热发电领域，我国与美国存在很强的技术竞争关系，在基础制造方面，我国产品价格低、产量大，在全球市场具有竞争优势，而在精密设备、高性能材料、集成技术和新一代热发电技术方面，美国和欧洲仍然稍有优势，我国处于追赶阶段，但差距很小。

新冠疫情延缓了全球太阳能热发电的技术进步速度和项目进度。这主要体现在全球研发、技术、工程人员在差旅、技术调研、实验研究等方面受到疫情比较大的影响，相关研发进度变慢，电站的工程建设也有所延误。在全产业链上，制造业的产能在2020年下半年基本恢复，工程施工和运行维护等行业也逐步恢复。

（八）生物质发电装机容量逐年增加，但在可再生能源发电总装机容量中的占比逐年下降；生物质能热在可再生能源热消费中居主导地位；先进生物质交通燃料的产业化依然是全球难题

全球生物质发电装机容量逐年增加，由2010年的6.6万兆瓦增加到2019年的12.4万兆瓦（图1.3），中国的生物质发电量居全球第一，其后依次是美国、巴西、德国、印度、英国和日本（REN21，2020）。由于政策扶持、电价补贴等措施及低碳排放的要求，中国、日本等亚洲国家和德国、英国等欧洲国家的生物质发电装机容量与发电量均有增加。美国由于缺乏政策扶持和激励政策，生物质发电量有所下降，且没有新增装机容量。农林废弃物、蔗渣、生活垃圾、生物液体燃料和生物质气是全球生物质发电的原料来源，其中，农林废弃物是主导原料（图1.4）。欧盟、日本、韩国等近年来加大了生物质成型燃料在生物质发电方面的应用，将其与煤混合燃烧发电，降低对煤的依赖并减少二氧化碳等气体的排放。沼气热电联产也受到重视，中国、欧盟、美国、非洲等国家和地区均加大了沼气热电联产项目的投入。虽然生物质发电装机容量逐年增加，但是其在可再生能源发电总装机容量中的比例逐年下降（图1.3，其中可再生能源发电总装机容量来源于海洋能、风能、太阳能、生物质能和地热能），说明生物质发电相比于其他形式的可再生能源发电（主要是光伏发电和风电）已不具优势。然而，生物质发电既能有效处理有机固体废弃物，又能产生能源，兼具环境和能源双重效益，具有不可替代的地位，其装机容量未来依然会增加，但在可再生能源发电总装机容量中的比例因光伏发电、风电规模的增加而呈现下降趋势。

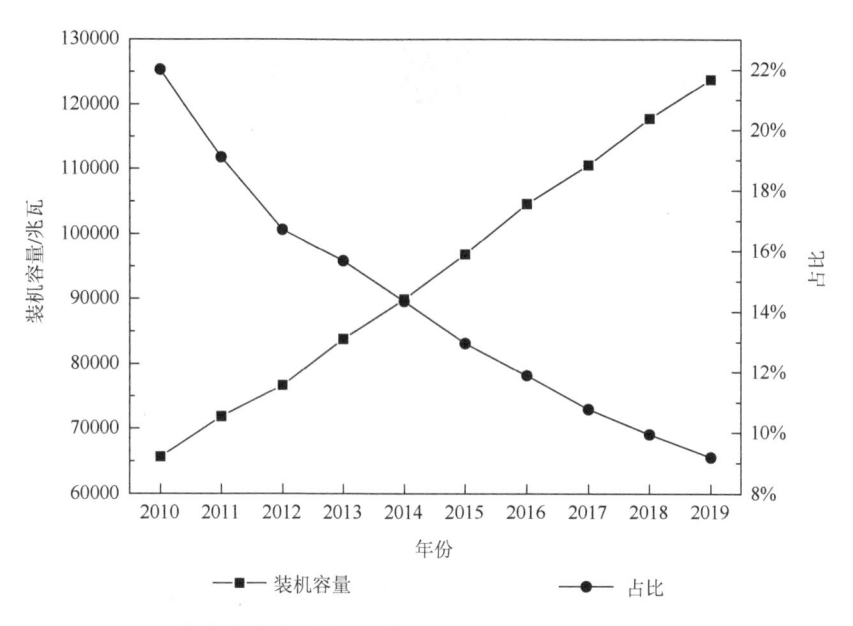

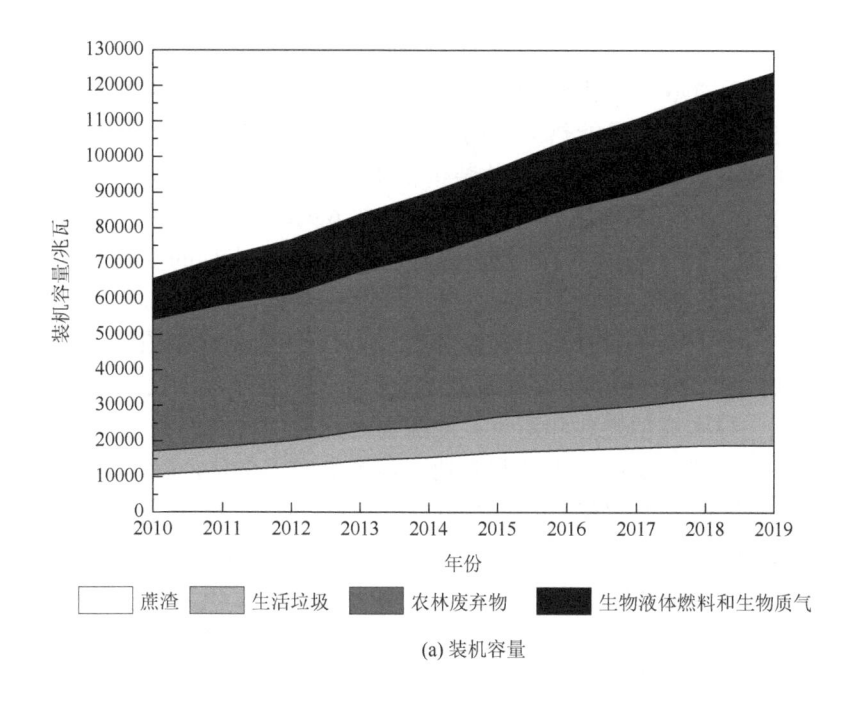

第一章 "十四五"及中长期能源新技术战略性新兴产业发展面临的新形势、新问题 · 13 ·

图 1.3 2010～2019 年全球生物质发电装机容量及其占可再生能源发电总装机容量的比例
资料来源：国际可再生能源机构

(a) 装机容量

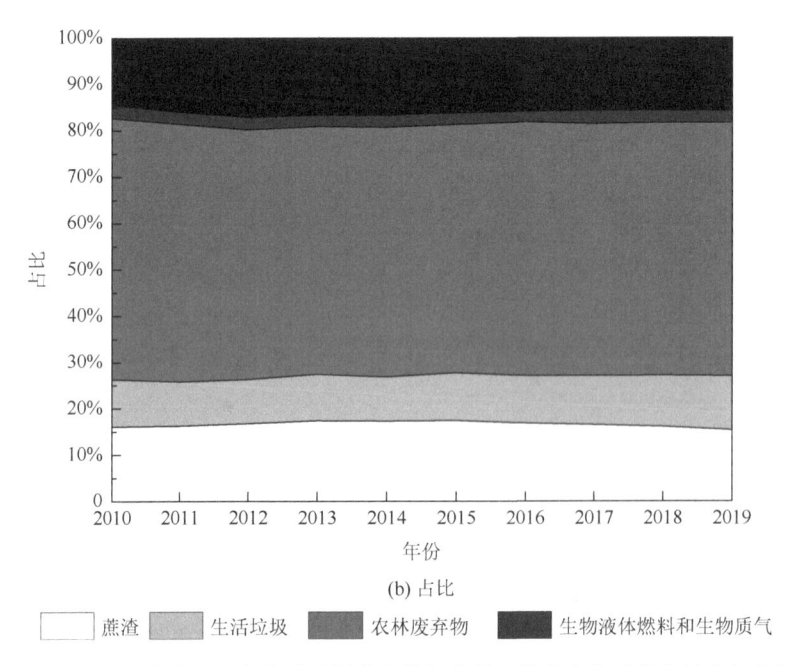

图 1.4　2010～2019 年全球不同生物质原料发电装机容量及其占生物质发电总装机容量的比例

资料来源：国际可再生能源机构

传统生物质能热主要用于炊事，2018 年其消费量占全球热消费总量（208 艾焦）的 12.5%，是生物质能热消费的主要方式。现代生物质能热主要来自热电联产、锅炉高效燃烧（原料包括散装生物质及生物质成型燃料）、沼气及集中供热等，2018 年其消费量占全球热消费总量的 6.9%，占可再生能源热消费总量（42.4 艾焦）的 67.5%（IEA，2019），是未来生物质能热发展的主要方向。传统生物质能热因利用效率低且环境污染大，整体利用规模呈现缓慢下降趋势（REN21，2020）。现代生物质能热主要用于直接供热、建筑、工业和农业领域，其利用规模呈上升趋势（图 1.5）。欧盟是生物质能建筑供热的主要区域，使用的原料主要是薪材、木片、林木成型燃料和沼气；欧盟也是开展生物质能集中供热的主导区域，一半以上的热量供应于工业和农业，其余供应于建筑，除了利用生物质直接燃烧产生的蒸汽集中供热，热电联产也被发展成集中供热的一种方式（REN21，2020）。北美地区主要用林木原料作为燃料给建筑供热，也是生物质成型燃料主要出口区（REN21，2020）。巴西是生物质能热工业应用规模最大的国家，主要原料来自制糖产业的甘蔗渣，利用形式为热电联产。基于其他形式的可再生能源在直接供热、建筑、工业和农业领域的贡献，2012～2018 年现代生物质能在直接供热、建筑、工业和农业领域占可再生能源总产热量的比例分别下降 6.56 个、10.15 个、1.63 个百分点，但依然是可再生能源热消费的主体（图

1.5，其中可再生能源总产热量来源于现代生物质能、太阳能、地热能、可再生电能和可再生分布式供热）。

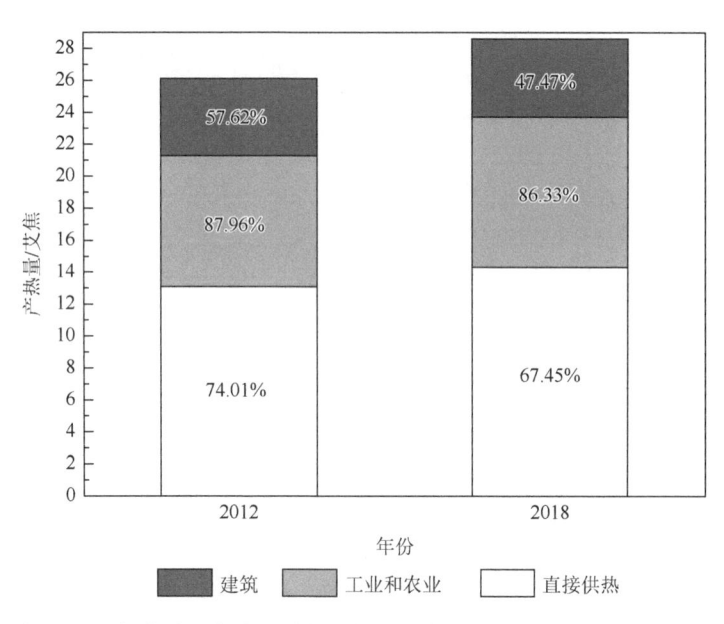

图1.5 2012年和2018年全球现代生物质能在各领域产热量及其占可再生能源总产热量的比例

资料来源：IEA

生物质交通燃料的主要产品是燃料乙醇和生物柴油，2010~2019年产量呈逐年上升趋势（图1.6），2019年产量分别占生物燃料总产量的59%和35%，其余6%为氢化植物油（hydrogenated vegetable oil，HVO）和氢化酯及脂肪酸（hydroprocessed esters and fatty acids，HEFA）。2019年燃料乙醇产量排名世界前七的国家依次是美国、巴西、中国、印度、加拿大、泰国和阿根廷，其中，美国和巴西占全球燃料乙醇总产量的84%。除了美国受国内需求减少及国家政策影响，燃料乙醇产量有所下降，其他国家的燃料乙醇产量均有所上升。美国生产燃料乙醇的主导原料是玉米淀粉，其用量占原料总量的比例达94%，木质纤维素用量占原料总量的比例仅为0.5%，销售E15乙醇汽油（乙醇含量为15%、汽油含量为85%）和E85乙醇汽油（乙醇含量为85%、汽油含量为15%）。巴西生产燃料乙醇的主导原料是甘蔗，其用量占原料总量的比例达96%，销售E27乙醇汽油（乙醇含量为27%、汽油含量为73%）和E100纯乙醇汽油（乙醇含量为100%），但是后者几乎没有市场。其他主要国家及地区以销售E10乙醇汽油（乙醇含量为10%、汽油含量为90%）为主，其生产原料组成见表1.3。从表中可以看出，玉米、麦类等粮食作物，以及甘蔗及其加工废弃物、甜菜、木薯等非粮作物是当今全球燃料乙醇生产

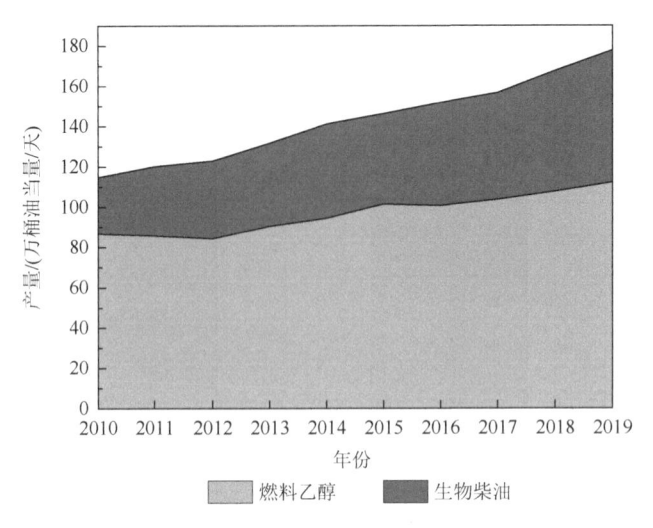

图 1.6 2010～2019 年全球生物燃料产量

资料来源：BP 公司

的主导原料，木质纤维素总用量不到 1%。2019 年生物柴油产量排名世界前六的国家依次为印度尼西亚、美国、巴西、德国、法国和阿根廷，占全球生物柴油总产量的 62.6%。美国因生物柴油行业信贷的取消而导致生物柴油产量下降。受美国生物柴油需求下降影响，阿根廷的生物柴油产量也有所下降，其他国家生物柴油产量均有所上升。印度尼西亚因生物柴油掺混比提升至 20%而使得生物柴油产量翻番，生产原料为粗棕榈油。其他主要国家及地区生物柴油生产原料见表 1.4。从表中可以看出，植物油是全球生物柴油生产的主导原料，其次是动物油脂，回收废油和餐饮废油在美国和欧盟也被用作生产原料。HVO 和 HEFA 的生产集中在芬兰、荷兰和新加坡。生物甲烷（即生物天然气）最大的生产和消费地区在美国和欧盟。生物天然气于 2015 年被纳入先进纤维素燃料范畴，在这一标准指导下，2019 年美国生物天然气的产量提高了 20%。欧盟正在推广生物天然气在商用车辆、公共交通领域的应用，并配套增建生物天然气加气站。先进生物燃料因生产成本过高而尚未实现产业化，研发低成本、清洁的先进生物燃料生产技术是全球亟须解决的难题。

表 1.3 全球主要生产国家及地区的燃料乙醇生产原料组成

国家或地区	生产原料
美国	玉米淀粉 94%，木质纤维素 0.5%，废弃糖、淀粉和酒糟 0.1%，甜高粱等 5.4%
巴西	甘蔗 96%，玉米 3%，木质纤维素 1%
欧盟	小麦粒 15%，玉米粒 39%，大麦粒 2%，黑麦粒 2%，黑小麦 6%，甜菜 35%，木质纤维素 1%

续表

国家或地区	生产原料
中国	玉米粒 79%，小麦粒 4%，干木薯片 11%，稻谷 6%
印度	糖蜜
加拿大	玉米 80%，小麦 20%
泰国	甘蔗 12%，糖蜜 57%，木薯根 31%
阿根廷	玉米 39%，糖蜜 61%

资料来源：美国农业部海外农业局全球农业信息网

表 1.4　全球主要生产国家及地区的生物柴油生产原料组成

国家或地区	生产原料
印度尼西亚	粗棕榈油
美国	大豆油 57%，玉米油 14%，菜籽油 10%，动物油脂 8%，回收废油 11%
巴西	粗大豆油 84%，动物油脂 16%
欧盟*	菜籽油 43%，餐饮废油 20%，棕榈油 17%，大豆油 6%，动物油脂 8%，葵花籽油 2%，其他（松树油、脂肪酸等）4%
阿根廷	大豆油

*涵盖 HVO

资料来源：美国农业部海外农业局全球农业信息网

中美贸易摩擦对我国生物质发电和供热产业的影响较小，对生物燃料产品进出口影响有限，均可找到替代市场。生物质能产生的电和热因储运不便，通常满足国内市场需求，对国际市场依赖较小。生物质发电和供热的相关设备已完全实现国产化，受中美贸易摩擦影响小。我国生物质发电产业的发展得益于 21 世纪初从丹麦引进的高温高压水冷振动炉排燃烧技术，经十几年的运行，我国已完全消纳吸收该技术并加以完善。我国还自主研发了循环流化床秸秆燃烧技术和装置，并实现产业化应用。开发的生物质气化发电技术在生物质发电领域实现与世界并跑。生物质成型燃料设备研发也已形成自主技术。生物燃料存在国际贸易往来。在发生中美贸易摩擦之前，中国主要从美国进口燃料乙醇，最高进口量达到 8 亿多升，中美贸易摩擦暴发后，中国取消了从美国进口燃料乙醇，但从南非、巴基斯坦和其他国家进口了 0.5 亿升左右的燃料乙醇，美国原计划供给中国的燃料乙醇被印度和加拿大的市场消化。我国生物柴油主要从东南亚国家进口，销往欧洲，与美国的贸易量不到 0.5%，受中美贸易摩擦影响较小。大多数东南亚和欧洲国家为共建"一带一路"国家，可通过加强与这些国家在技术、经济等方面的合作，将中美贸易摩擦带来的风险降到最低。

新冠疫情暴发导致的停工停产停课及隔离防护致使生物质能产量下降，尤其对生物燃料的价格及供应量影响较大。工业、商业等对电、热需求较大的行业停工，导致电和热的需求量下降，电价和热价下降。成本过高及太阳能、风能等其他形式可再生能源的电力供应使得生物质发电厂不得不停工，生物质供热主要用于满足家居需求及少部分服务行业，生物质发电量和产热量相应减少。疫情暴发期间，人们对于交通出行的意愿大幅下降，石油、柴油等燃料的价格及需求量下降，燃料乙醇的销售价格在疫情暴发之前与生产成本基本持平，加上政策优惠，可以保证盈利，但是疫情暴发后的化石燃料价格的下降使得燃料乙醇的生产无利可图，不少生产商选择停产。生物柴油由于应用范围较燃料乙醇小，受疫情的影响相对较小，但是其产量也有所下降。

（九）全球许多国家能源公司和国际石油公司将拓展新技术、人力和资本支撑逐渐转移至地热，助推产业升级发展；但受疫情影响，地热发电增速有所降低

一方面，受新冠疫情和中美贸易摩擦影响，部分供应链中断，封锁措施和工业活动减缓减少了能源消耗，2020年国际油价再次暴跌，全球石油供应过剩，增强了石油的成本竞争力。IEA相关报告显示，2020年可再生能源发电净增加量比2019年下降13%。2019年新增地热发电量最大的三个国家（土耳其、印度尼西亚和肯尼亚）也受到新冠疫情影响，导致相关项目延误，IEA随后将全球地热发电累计增长量进行了下调。

另一方面，为应对世界气候变化，受国家政策激励影响，全球许多国家能源公司、国际石油公司纷纷介入新能源领域，与地热行业技术融合、业务重叠的石油公司越来越多地涉足地热，为产业发展提供新的技术、人力和资本支撑，降低了行业服务成本，促进了产业发展；"一带一路"建设带来了新的能源合作契机，我国加强与相关高温地热带国家（土耳其、意大利、印度尼西亚、肯尼亚等）合作，助推地热产业升级发展。

（十）全球氢能基础设施网络持续扩大，技术及产业发展进入加速阶段

目前全球仍以化石能源制氢为主，在可再生能源电解水制氢方面，全球在营/在建装机容量较小，但规划建设项目装机容量迅速增长。根据埃信华迈（IHS Markit）统计，2020年，全球在营/在建可再生能源制氢项目为51个，装机容量为151兆瓦，其中65%位于欧洲；规划建设项目装机容量迅速增长，达到25.8吉瓦，主要位于欧洲和澳大利亚；单个项目装机容量也呈现从兆瓦到百兆瓦级的跨

越。从技术路径看，近年选择质子交换膜（proton exchange membrane，PEM）技术路线的示范项目逐渐增多，PEM 电解水技术和碱性（alkalinity，ALK）电解水技术共同主导制氢市场，装机容量分别为 93 兆瓦和 51 兆瓦。固体氧化物电解槽（solid oxide electrolysis cell，SOEC）电解水制氢技术开展了示范项目，但装机容量较小，最大为 0.18 兆瓦。从终端应用看，氢气消费主要用于工业领域和天然气掺氢行业，分别占 37% 和 35%。

随着燃料电池技术的成熟及基础设施的建设，燃料电池在交通运输方面逐步进入规模化应用阶段。2020 年，燃料电池的出货量增加到 1319 兆瓦；燃料电池汽车（fuel cell vehicles，FCV）的保有量稳步增长，全球共销售氢燃料电池汽车 9006 台，燃料电池汽车保有量达 32535 台，同比增加 38%。分地区来看，受益于政府的大力补贴，2020 年，韩国燃料电池汽车销量达 5823 台，同比增长 39%，占全球燃料电池汽车销量的 65%，保有量跃至 10906 台，实现翻倍，成为全球第一大燃料电池汽车市场；中国燃料电池汽车销量为 1177 台，成为全球第二大燃料电池汽车市场，中国城市群发展政策尚未明确，对市场发展起到延迟作用，后续可能出现井喷式发展；日本与德国氢燃料电池汽车销量稳定，分别为 761 台和 308 台。从私家车市场上看，丰田 Mirai 和现代 Nexo 仍为全球主导。2020 年，丰田 Mirai 全球销量为 1770 台，同比降低 29%，市场占有率从 2016 年的 81% 跌至 2020 年的 48% 左右；现代 Nexo 全球销量为 6781 台，同比增长 36%，市场占有率已超过丰田 Mirai，提升至 50%。

截至 2020 年底，20 多个国家和地区相继制定了氢能发展战略，其中，日本、欧盟、韩国和美国等表现最积极。欧盟委员会于 2020 年发布了《欧盟氢能战略》（European Hydrogen Strategy）和《欧盟能源系统整合策略》（EU Strategy for Energy System Integration），计划未来十年向氢能产业投入数千亿欧元，目标是 2050 年达到全欧盟碳中和，氢能满足全欧盟 24% 的能源需求。美国能源部发布了《氢能项目计划 2020》（Hydrogen Program Plan 2020），指出美国政府致力于氢能全产业链的技术研发，并将加大示范和部署力度，以期实现产业规模化，为美国的氢能研究、开发和示范应用提供战略支撑。日本政府于 2020 年 12 月 25 日发布了以面向 2050 年实现碳中和的产业绿色发展为宗旨的《2050 年实现碳中和的绿色成长战略》，指出在 2030 年之前，氢能实际应用规模达到 300 万吨，其售价降至 30 日元/标准米^3；2050 年，氢能实际应用规模达到 2000 万吨，其售价降到 20 日元/标准米^3 以下，成为具有充分竞争力的新能源，以此来促进日本经济的持续复苏。2020 年 6 月 10 日，德国联邦政府公布了《国家氢能战略》（National Hydrogen Strategy），这是世界首个国家氢能战略，该战略提出了 38 项具体措施，预计到 2030 年德国的氢能需求为 90～110 太瓦·时，电解水制氢能力为 5 吉瓦，2035～2040 年，德国将增建 5 吉瓦的电解水制氢设备。

2020年2月4日，韩国政府正式颁布《促进氢经济和氢安全管理法》，这是世界首部涉及氢经济和氢产业的法律，该法律的颁布将为以氢为主要能源的氢经济实施奠定基础，系统、有效地促进氢工业发展，为氢能供应和氢设施的安全管理提供必要的支持。

第二节　国内发展新形势

（一）系列政策大力推动煤炭清洁高效利用，我国已建成全球最大的清洁高效煤电供应体系

针对以煤为主的能源结构，我国一直将煤炭清洁高效利用作为国家科技计划重点支持方向和煤炭产业发展方向。2019年10月，国家发展改革委修订发布《产业结构调整指导目录（2019年本）》，将煤炭清洁高效利用技术列入鼓励类重点项目之一。2020年3月，国家发展改革委、司法部印发《关于加快建立绿色生产和消费法规政策体系的意见》，明确强化工业清洁生产，在重点行业深入推进强制性清洁生产审核的政策措施，持续推进煤炭清洁开发利用政策机制的建立和健全。同月，国家发展改革委、国家能源局等八部委联合印发《关于加快煤矿智能化发展的指导意见》，指出到2021年初步形成煤矿开拓设计、地质保障、生产、安全等主要环节的信息化传输、自动化运行技术体系；到2035年基本实现智能化，构建多产业链、多系统集成的煤矿智能化系统，建成智能感知、智能决策、自动执行的煤矿智能化体系。2020年6月，国家能源局印发《2020年能源工作指导意见》，强调推动煤炭绿色开发利用，加强矿区瓦斯、煤矸石、煤泥等煤炭开采伴生资源综合利用，发展矿区循环经济；推进散煤治理和煤炭清洁化利用，着力提高电煤消费比重；研究完善煤炭绿色开发政策措施，推广应用绿色开采技术。经过几十年的发展，我国已形成了一批具有自主知识产权的煤炭清洁高效利用核心技术，培养和汇聚了一批高水平创新人才和团队，支撑了煤炭产业向清洁低碳、安全高效方向发展。

我国一半的煤炭用于发电。近年来，随着新能源开发规模不断增大，我国燃煤发电占比持续下降，但仍是最重要的电力供应来源。根据国家统计局发布的《中华人民共和国2019年国民经济和社会发展统计公报》，2019年全国煤炭消费总量为28.0亿吨标准煤，占全国能源消费总量的57.7%。全国煤电装机容量为10.4亿千瓦，占全国发电装机容量的51.7%；煤电发电量为4.56万亿千瓦·时，占全国全口径发电量的62.2%，占全球燃煤总发电量的50.2%。全国6000千瓦及以上火电厂平均供电标准煤耗为306.9克/（千瓦·时），同比下降0.7克/（千瓦·时）（中国电力企业联合会，2020）。

（二）页岩气正在形成快速发展的新格局，天然气水合物试采、陆相页岩油攻关取得新突破

2019 年，在页岩气方面，中国石油在长宁—威远和太阳区块页岩气新增探明地质储量为 7409.71 亿米^3，中国石化在永川区块页岩气新增探明地质储量为 234.5 亿米^3，我国页岩气累计探明地质储量达到 1.8 万亿米^3，产量达到 153.8 亿米^3。页岩气在多个新领域取得突破，中国石化在东溪地区 4200 米深层页岩气攻关取得重大突破，中国石油泸 203 井在 4000 米深层测试获页岩气日产量为 137.9 万米^3，成为国内首口单井测试日产量超 100 万米^3 页岩气井。国内首个招标区块——南川区块胜页 2HF 井测试获页岩气日产量为 32.8 万米^3，实现了盆缘复杂构造区常压页岩气勘探重大突破，落实了一个千亿立方米规模的资源阵地。我国已建成沁水盆地南部、鄂尔多斯盆地东缘两大煤层气产业基地。2019 年我国煤层气新增探明地质储量为 64.08 亿米^3，地面煤层气产量为 59.15 亿米^3。

2019 年，在页岩油方面，中国石油在准噶尔盆地吉木萨尔凹陷二叠系芦草沟组、鄂尔多斯盆地长 7 段实现页岩油规模建产，渤海湾盆地沧东凹陷页岩油勘探取得重大突破；中国石化在渤海湾盆地济阳坳陷、江汉盆地潜江组页岩油攻关取得积极进展。2020 年我国海域天然气水合物第二轮试采取得成功并超额完成目标任务。在水深 1225 米的南海神狐海域，试采创造了产气总量为 86.14 万米^3、日均产气量为 2.87 万米^3 两项新的世界纪录，攻克了深海浅软地层水平井钻采核心技术。

（三）能源转型加速演进，能源互联网蓬勃发展，加快形成互利共赢生态圈

在"四个革命、一个合作"能源发展思路指导下，我国能源结构由原煤为主加速向多元化、清洁化转变，发展动力由传统能源加速向新能源转变，能源转型已取得重要进展。随着分布式能源、用户侧储能、电动汽车等交互式能源设施快速发展，各种新型用能形式不断涌现，需要协调统筹多种能源，提高能源使用效率，加快构建清洁低碳、安全高效的能源体系。以第五代移动通信技术（5th-generation mobile communication technology，5G）、人工智能、工业互联网和物联网等技术为代表的"新基建"时代给能源行业发展提供了一个重要战略选择机遇。

"新基建"的数字化属性决定了其数字经济增长的基础地位。对于能源企业来

说，从能源供给到能源服务，再到生态圈构建，通过数字信息化建设，可助力能源供给绿色低碳化、能源利用节能高效化和能源运营模式生态化。基于大数据、云计算和人工智能技术，利用能源生产端智能感知和智能终端，建设全时空状态监测与智能控制中心，完善实时预测、智慧调度、精准预警和智能运维功能，打造能源主体协调互补、能源网络高效互联的智慧能源供给系统。利用数字信息化技术破除传统多类型能源供给之间的壁垒，在全能源供给链上促进电、油、气等能源领域深度融合，面向工业园区，以物联网为基础，利用5G将园区内分布式电源、冷热电负荷和储能聚合成虚拟可控集合体，引入冷热电三联供（combined cooling heating and power，CCHP）、电转气和相变储能等能源转换技术，实现多类型能源供给互联互通，并通过园区智慧能量管理系统，协调优化园区能源供需潮流路径，达到降低能源损耗、减少温室气体排放、提升能源利用效率和提高供能可靠性的目的。聚集综合能源服务商、产业链上下游供应商、终端用户、政府及行业机构、金融及投资机构、科研机构及高校、小微企业和创客等产业相关方，整合综合能源服务全产业、全服务、全价值链资源，通过信息技术创新和管理创新、商业模式创新相融合，带动更多市场主体参与能源互联网的价值创造和分享，不断催生新产业、新业态、新模式，形成互利共赢的能源互联网新生态。

（四）核能形成产业链比较优势，坚持安全高效发展核电

1. 形成自主三代核电技术和全产业链优势，从"核电大国"向"核电强国"迈进

截至2019年12月底，我国运行核电机组达到47台，总装机容量为4875万千瓦，仅次于美国、法国，位列全球第三。2019年，海阳核电2号、阳江核电6号、台山核电2号三台核电机组投入商运。2019年，我国核电装机容量占比为2.42%，核电发电量占比为4.88%，核电发电量为3481.3亿千瓦·时。截至2019年12月底，我国在建核电机组达到13台，总装机容量为1387.1万千瓦，在建机组装机容量持续保持全球第一。

以"华龙一号""国和一号"成功研发并开工建设为标志，继美国、法国、俄罗斯之后，我国成为又一个拥有自主三代核电技术和全产业链的国家，三代核电发展的比较优势基本形成。就在建规模和发展前景而言，我国已成为全球三代核电发展的中心，核电发展进入技术升级、产业格局调整和发展重心转移期，具备了从"核电大国"向"核电强国"迈进的条件。

2. 国家坚持安全高效发展核电，"十四五"时期核电具有较大发展空间

根据《核电中长期发展规划（2021~2035年）（征求意见稿）》，到2035年，我国核电发电量占比和能源消费占比需分别提升到10%和5%左右。在运核电机组装机容量达到1.5亿千瓦，在建核电机组装机容量在5000万千瓦左右，年发电量超过1万亿千瓦·时。从中长期来看，我国核电建设仍以三代压水堆为主，技术路线主要考虑自主品牌"华龙一号""国和一号"三代核电技术，形成适度竞争、相互借鉴的市场格局，同步发展提升。"十四五"时期，国内开工备选项目共计20余个，核电机组合计60余台。综合来看，国内核电有较大发展空间。

（五）我国风电产业持续快速发展，是全球唯一风电累计装机容量超过2亿千瓦的国家；风电开发布局进一步优化提升，"大基地"建设与分散式风电同步进入快车道；风电产业技术创新能力不断加强；风电发电量首创新高，弃风限电状况持续好转

2019年，我国风电新增装机容量为2615.5万千瓦，同比增长19.7%，其中，陆上风电新增装机容量为2376.0万千瓦，同比增长17.6%，海上风电新增装机容量为239.5万千瓦，同比增长44.7%。我国风电累计装机容量由2009年的2581万千瓦增长到2019年的2.36亿千瓦，年均复合增长率高达24.77%，其中，陆上风电累计装机容量为2.3亿千瓦，海上风电累计装机容量为683.8万千瓦，如图1.7所示。我国风电新增装机容量和累计装机容量连续7年全球第一，累计装机容量是全球第二国家（美国）的2.24倍，同时我国是全球唯一风电装机容量超过2亿千瓦的国家。

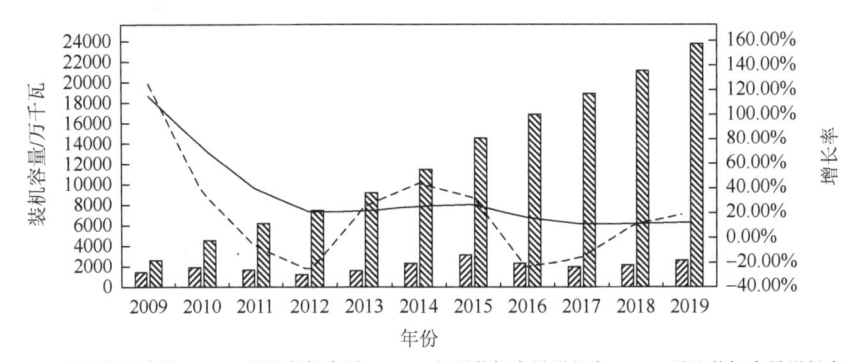

图1.7 2009~2019年我国风电新增和累计装机容量统计

随着低风速风电技术和海上风电技术的创新突破，我国风电开发布局进一步优化提升。以河南、湖南、广西为代表的中南地区低风速风电市场和以江苏、福建为代表的华东地区海上风电市场取得了显著增长，中南、华东、西南三个区域的新增装机容量占比超过传统的"三北"地区（东北、西北、华北），我国风电发展进入"大基地"建设与分散式风电同步发展的快车道。

风电产业技术创新能力不断加强。我国不仅具备自主研发大功率陆/海上风电机组整机的能力，而且形成了完整的风电装备制造产业链，风电产品的市场竞争力大幅提高。在长叶片、高塔筒等技术应用方面处于国际领先水平，风轮直径超过 200 米、轮毂高度超过 160 米的风电机组即将进入市场，拓宽了风电发展新领域，引领了全球风电发展；以激光雷达为代表的智能传感技术取得广泛应用，不仅能够优化提升风电机组的发电性能，而且将风电整体管理转变得更智能、更高效。

2019 年，我国风电发电量首创新高，弃风限电状况持续好转。2019 年，我国风电发电量达 4057 亿千瓦·时，同比增长 10.8%，风电发电量首次突破 4000 亿千瓦·时，占全国总发电量的 5.5%，比 2018 年提高 0.3 个百分点；全国风电平均利用小时数为 2082 小时，同 2018 年基本持平，风电平均利用小时数较高的前五个地区依次是云南（2808 小时）、福建（2639 小时）、四川（2553 小时）、广西（2385 小时）和黑龙江（2323 小时）；全国弃风电量为 167 亿千瓦·时，同比减少 108 亿千瓦·时，平均弃风率为 4%，同比下降 3 个百分点，弃风率和弃风电量继续实现"双降"，弃风限电状况进一步得到缓解。

（六）2018 年、2019 年国内光伏发电装机容量连续两年下降，倒逼光伏整个产业链成本下降，增强了海外光伏发电市场的竞争力

我国光伏发电装机容量从 2017 年的 53 吉瓦下降到 2018 年的 43.4 吉瓦和 2019 年的 30.1 吉瓦，连续两年呈下降趋势。与 2018 年相比，2019 年光伏发电装机容量的降幅为 30.6%。我国光伏发电累计装机容量达到 204.7 吉瓦，占全球光伏发电累计装机容量的约三分之一，中国仍然是全球最大的光伏发电市场。我国光伏发电装机容量的快速下降给光伏制造企业带来了巨大的压力，倒逼光伏整个产业链成本下降。2019 年光伏组件的价格下降了 22%~25%。光伏组件价格的下降刺激了新兴市场的增长。2019 年，我国光伏发电量为 2242.6 亿千瓦·时，同比增长 26.3%，占我国总发电量的 3.1%，同比提高 0.5 个百分点。其中，分布式光伏发电装机容量达 12.19 吉瓦，占比达 40.5%。2019 年，光伏出口额达 207.8 亿美元，同比增长 29%。其中，硅片出口额为 20 亿美元，出口量为 27.3 吉瓦，单晶硅片出口量约占 70%；电池片出口额为 14.7 亿美元，出口量为 10.4 吉瓦；电池组件

出口额为173.1亿美元,出口量为66.6吉瓦;硅片、电池片、电池组件出口量均超过2018年,创历史新高。在多晶硅进口方面,虽然国内多晶硅供应大幅提升,但是随着国内硅片产能的持续扩大,对海外多晶硅的需求量仍未减少。2019年,我国太阳能级多晶硅进口量为14.1万吨,同比增长12.8%,进口额为11.7亿美元;多晶硅进口单价为8.3美元/千克,同比下降38.9%(智研咨询,2020)。表1.5列出了2019年中国光伏产量和世界光伏产量的对比。

表1.5 2019年中国和世界光伏产量对比

参数	世界	中国	占比
多晶硅/万吨	50.8	34.2	67.3%
硅片/吉瓦	138.3	134.7	97.4%
电池片/吉瓦	140.1	110.3	78.7%
电池组件/吉瓦	138.2	98.6	71.3%

资料来源:国际能源署

2020年,旨在促进光伏行业健康稳定发展的相关政策密集出台,我国通过多种途径开展"光伏+"应用,拓展光伏消纳空间。据统计,2020年4~5月,国家共出台13项光伏相关政策,主要涉及消纳、乡村振兴、光伏制造行业规范等;地方政府光伏政策遍地开花,共出台48项,主要涉及消纳、平价项目补贴申报、可再生能源补贴清单发布等。这些政策促进了光伏行业健康发展(北极星太阳能光伏网,2020)。2020年第一季度,全国光伏发电新增装机容量为3.95吉瓦,其中,集中式光伏发电新增装机容量为2.23吉瓦,分布式光伏发电新增装机容量为1.72吉瓦(北极星太阳能光伏网,2020)。

(七)太阳能热发电产业保持较高速度增长,技术全面国产化,部分技术达到世界领先水平;高比例可再生能源接入电网,推动太阳能热发电的发展

自首批示范项目和标杆电价公布以来,截至2018年底,中国建成3座太阳能热发电站。2018年太阳能热发电新增装机容量为200兆瓦,2019年太阳能热发电新增装机容量为200兆瓦,2020年上半年太阳能热发电新增装机容量为100兆瓦,累计装机容量为550兆瓦。其中,塔式电站累计装机容量为320兆瓦,槽式电站累计装机容量为150兆瓦,线性菲涅尔式电站累计装机容量为80兆瓦。位于北京八达岭的1兆瓦水工质塔式电站是中国首座太阳能热发电站;位于青海德令哈的

10兆瓦熔盐塔式电站是中国首座商业化运行的太阳能热发电站；位于青海德令哈的50兆瓦导热油槽式电站是中国首座商业化运行的槽式太阳能热发电站；位于敦煌的110兆瓦熔盐塔式电站是亚洲最大的塔式太阳能热发电站，该电站储热15小时，可以24小时满功率连续发电；位于海西州的50兆瓦熔盐塔式电站是全球首个风、光、热、储多能互补项目的一部分，该电站可以实现24小时连续稳定发电，可以基于负荷需求参与互补项目的能源调控，有助于提高太阳能热发电技术在能源互联系统中的定位；位于敦煌的50兆瓦熔盐线性菲涅尔式电站是全球首座采用熔盐为传热流体的线聚光商业化电站，对槽式和线性菲涅尔式电站技术参数与光电转化效率的提升做出了开创性工作。张家口建成的3000米^{3}水体太阳能跨季节储热采暖项目经过一年的运行表明，在资源适合地区，太阳能采暖的成本可以和电采暖、燃气采暖的成本展开竞争。2016~2019年，在科研方面，北京八达岭建成一座9000米^{2}导热油槽式系统，杭州建成一座聚光面积为2000米^{2}的塔式太阳能综合实验平台，西安建成一座超临界二氧化碳实验系统。中国企业在全球的太阳能热发电行业进展包括作为总包商或者施工总包商建成摩洛哥努奥（Noor）多期太阳能热发电项目，与希腊签订50兆瓦塔式太阳能热发电项目总包协议，作为总包商与迪拜签订塔式太阳能热发电项目并完成支撑塔建设，签订减速机、聚光器钢结构和液压传动等部件级产品海外项目订单。图1.8是2016~2019年中国太阳能热发电累计装机容量进展情况，图1.9是敦煌装机容量100兆瓦和先期10兆瓦熔盐塔式电站全景。

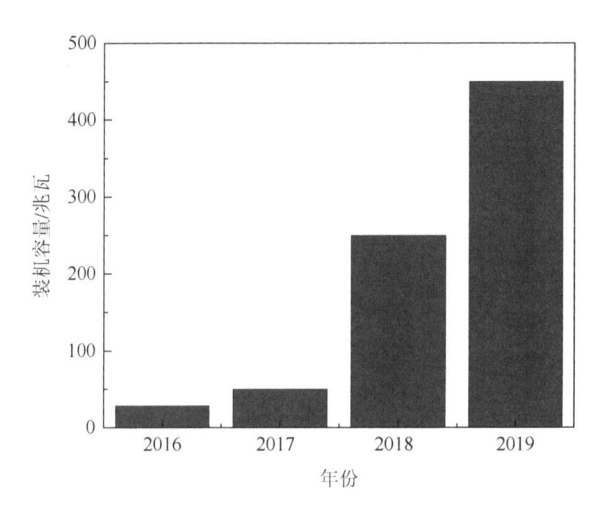

图1.8 2016~2019年中国太阳能热发电累计装机容量

资料来源：中国科学院电工研究所

图 1.9　敦煌 110 兆瓦熔盐塔式电站全景

资料来源：国家太阳能光热产业技术创新战略联盟 2019~2020 年度共性技术开放课题研究报告

随着波动性可再生能源的装机比例不断提高，电网的各种稳定性问题必然会加剧。根据中国国家电网和美国能源部的研究报告，与风电和光伏发电相比，太阳能热发电具有友好的电网特性，可以根据电网需求出力，支撑电网频率稳定，提高电网抗扰动能力，提高短路电流和耐受故障能力，增强发电侧电网电压的稳定性，提高接入地区电能质量，有利于电网的安全运行，消纳更多的波动性可再生能源发电装机容量（中国电力设计规划总院，2019）。在国际上，中国企业作为总包商建设了迪拜太阳公园项目，采用光热与光伏混合的电站结构，包括 100 兆瓦熔盐塔式太阳能热发电、600 兆瓦槽式太阳能热发电和 250 兆瓦光伏发电，合计装机容量为 950 兆瓦。中国海西州多能互补项目采用了 50 兆瓦熔盐塔式电站，与其他多种可再生能源技术形式相结合，降低了项目整体的发电成本，增强了系统的调节能力。

（八）生物质能在发电、供热和交通燃料领域的产业规模呈现增长趋势，产业发展各具特色

1. 生物质发电装机容量和发电量持续增长，垃圾焚烧发电占比最高

2019 年，我国已投产生物质发电项目达 1094 个，生物质发电并网装机容量比 2018 年增加 26.6%，达到 2.3 万兆瓦，年发电量增加 27.9%，达到 111.1 太瓦·时，位居全球第一，其中，垃圾焚烧发电累计装机容量为 1.2 万兆瓦，增长 31.2%，广东、浙江、山东、江苏和安徽位列全国前五；农林生物质发电累计装机容量

为 1.0 万兆瓦，增长 20.7%，山东、安徽、黑龙江、湖北和江苏位列全国前五；沼气发电累计装机容量为 0.1 万兆瓦，增长 28.2%，广东、江苏、河南、山东、江西和湖南（与江西并列第五）位列全国前五。2020 年新增投资约 400 亿元，生物质发电规模还会持续扩大。垃圾焚烧发电因快速消除生活垃圾等有机固体废弃物的环境影响并能产生电力能源而得到较大关注。2019 年以来，我国相继发布了《住房和城乡建设部等部门关于在全国地级及以上城市全面开展生活垃圾分类工作的通知》《住房和城乡建设部关于建立健全农村生活垃圾收集、转运和处置体系的指导意见》等政策文件，提出加快以焚烧为主的生活垃圾处理设施建设，做好垃圾焚烧飞灰处理处置工作，加快组织编制生活垃圾焚烧发电中长期专项规划，国家可再生能源电价附加补贴资金优先用于列入专项规划的项目。2020 年以来，广西梧州市静脉产业园生活垃圾焚烧发电厂、浙江丽水青田垃圾焚烧发电厂、海南儋州 110 千伏垃圾发电厂等多个垃圾焚烧厂投产发电。此外，生物质发电向热电联产模式转变已成为新的趋势。

2. 生物质供热受到重视，但保障和激励措施不足

除传统的燃烧供热，生物质供热的主要来源为生物质热电联产、生物质成型燃料和沼气。我国生物质热电联产项目正在稳步推进，生物质成型燃料产量达 2000 万吨，在运沼气池超过 10 万个（REN21，2020），供热规模接近 0.5 艾焦。2017 年的《国家发展改革委、国家能源局关于印发促进生物质能供热发展指导意见的通知》提出，到 2035 年，生物质热电联产装机容量超过 2500 万千瓦，生物质成型燃料年利用量约 5000 万吨，生物质燃气年利用量约 250 亿米^3，生物质能供热合计折合供暖面积约 20 亿米^2，年直接替代燃煤约 6000 万吨。2020 年生物质成型燃料供热产业新增投资约 180 亿元，在推行低碳经济的趋势下，生物质供热规模在国家政策扶持下将会持续增加。2019 年 10 月，生态环境部等十部委联合六个地方政府印发了《京津冀及周边地区 2019～2020 年秋冬季大气污染综合治理攻坚行动方案》，指出有效推进清洁取暖，集中资源大力推进散煤治理，积极推广集中式生物质利用，加大生物质锅炉治理力度。然而，在重点地区散煤治理技术路线选择中生物质供热等仅占 1%。优先准入保障和财政补贴措施不足是生物质供热行业发展的主要障碍。此外，各地环保政策收紧，使得对生物质燃烧的大气污染物排放标准提高。2019 年 3 月，广东省生态环境厅发布了《锅炉大气污染物排放标准》（DB 44/765—2019），规定生物质成型燃料锅炉的大气污染物中颗粒物、二氧化硫、氮氧化物和一氧化碳的排放限值分别为 20 毫克/米^3、35 毫克/米^3、150 毫克/米^{3}和 200 毫克/米^3。生物质成型燃料锅炉的升级改造是推动生物质供热快速发展的重要环节。

3. 生物质交通燃料总产能增加，但产量下降，缺口大

2020年，我国生物液体燃料新增投资约180亿元，生物天然气新增投资约1200亿元。我国生物质交通燃料主要是燃料乙醇和生物柴油，纤维素燃料乙醇、生物质热解油等先进生物液体燃料尚处在示范阶段，离产业化还有一定的差距，生物天然气项目推广进程缓慢。2019年，我国燃料乙醇产量为269万吨，较2018年下降14.3%，位居世界第三，已建产能322万吨/年，在建产能近500万吨/年，主要生产原料为玉米、木薯、小麦、水稻等作物。纤维素燃料乙醇尚处于示范阶段，最大产能达到5万吨/年，尚未实现持续运行。以10%比例与汽油掺混，需要约1252万吨纤维素燃料乙醇（2019年我国汽油表观消费量为12517.04万吨）。2019年，我国生物柴油产量为81万吨，较2018年下降19%，总产能为230万吨，与2018年基本持平，生产原料为餐厨废油。随着垃圾分类在全国的推广，餐厨废油的收集及储运将更加规范，生物柴油的产量将会持续增加。二代生物柴油（即氢化脂肪酸甲酯，是脂肪酸甲酯（一代生物柴油）经深度加氢异构化制备成的烷烃）因结构和性能更接近石化柴油而受到重视，其市场潜力巨大。截至2019年，我国自主研发的生物柴油悬浮床加氢示范装置已累计生产二代生物柴油超2万吨，符合欧盟标准，已出口至欧洲国家。生物天然气作为清洁燃料已引起重视。2019年，国家发展改革委等十部委联合印发《关于促进生物天然气产业化发展的指导意见》，提出到2025年生物天然气年产量超过100亿米^3，到2030年再翻一番，建立多元化消费体系，如炊事取暖、并入城市燃气管网、发电、交通燃料、锅炉燃料和工业原料等。

（九）我国地热能开发利用受到国家和地方一系列鼓励政策刺激，将资源优势转化为产业优势，实际利用率开始提升

我国地热资源丰富，产业发展基础良好。然而，地热产业尚处在起步阶段，地热资源每年实际利用量小，2019年折合标准煤仅0.21亿吨，其中，水热型地热资源开采率仅0.2%，浅层地热能开采率仅2.3%，亟待将资源优势转化为产业优势。2016~2019年，国家和地方纷纷出台了一系列鼓励政策。2017年初，国家发展改革委、国家能源局、国土资源部联合印发首部国家层面编制的地热能发展规划《地热能开发利用"十三五"规划》；2018年，各地方政府出台了一系列地热供暖试点工作方案；2019年3月20日，北京市发展和改革委员会发布《北京市2019年清洁生产促进工作要点》，积极探索京津冀区域清洁生产产业协同发展，推动北京市清洁生产促进工作再上新台阶，助力乡村振兴。在生产经营中，我国积极推广太阳能、热泵等可再生能源应用，建立了一批高质量科研平台，大型央企将地热产业纳入经营范围，为产业发展不断注入新动能。

（十）国内许多地区、城市支持氢能产业发展，产业规模不断扩大

国家已在多项产业政策中明确提出支持氢能产业发展，并频繁出台支持政策，支持力度不断增加。2020年4月，国家能源局发布《中华人民共和国能源法（征求意见稿）》，氢能被列为能源范畴。2020年6月，国家发展改革委发布《关于2019年国民经济和社会发展计划执行情况与2020年国民经济和社会发展计划草案的报告》，指出制定国家氢能产业发展战略规划，并支持新能源汽车、储能产业发展，推动智能汽车创新发展战略实施。2020年10月，国务院办公厅发布《新能源汽车产业发展规划（2021～2035年）》，要求攻克氢能储运、加氢站、车载储氢等氢燃料电池汽车应用支撑技术，提高氢燃料制储运经济性，因地制宜开展工业副产氢及可再生能源制氢技术应用，健全氢燃料制储运、加注等标准体系，加强氢燃料安全研究，强化全链条安全监管。2021年2月，科技部发布《关于对"十四五"国家重点研发计划"氢能技术"等18个重点专项2021年度项目申报指南征求意见的通知》，围绕氢能绿色制取与规模转存体系、氢能安全存储与快速输配体系、氢能便捷改质与高效动力系统及"氢进万家"综合示范4个技术方向，启动19个指南任务；国务院印发《关于加快建立健全绿色低碳循环发展经济体系的指导意见》，指出提升可再生能源利用比例，因地制宜发展氢能，加强新能源汽车充换电、加氢等配套基础设施建设。2021年3月，全国人民代表大会发布《中华人民共和国国民经济和社会发展第十四个五年规划和2035年远景目标纲要》，提出在氢能与储能等前沿科技和产业变革领域组织实施未来产业孵化与加速计划，谋划布局一批未来产业。

2020年，我国氢能产业规模不断扩大，氢气产量约3342万吨，位列世界第一，预计在碳中和情景下可再生能源制氢规模有望达到1亿吨。2020年，我国氢燃料电池系统装机容量约79.2兆瓦，同比下降37%；燃料电池汽车产量、销量分别完成1199台和1177台，同比分别下降57.5%和56.8%，燃料电池车示范应用主要集中在物流、客车等商用车领域。在氢能基础设施建设方面，自从"推动充电、加氢等设施建设"写入了政府工作报告，我国加氢站建设明显提速。截至2020年底，我国累计建成118座加氢站。加氢站主要集中在广东、上海、山东、江苏等地。其中，广东以30座加氢站的数量排在全国首位，其次是山东，拥有11座加氢站。

第三节 产业发展新趋势

（一）重点专项与重大项目形成系统布局，煤炭清洁高效利用发展方向明确

"十三五"期间，全国煤电装机容量和发电量占比持续下降，其中，煤电装机

容量占比由 59% 下降至 50.7%，发电量占比由 67.9% 下降至 61.5%，分别下降 8.3 个和 6.4 个百分点。煤电装机容量净增 1.87 亿千瓦。2019 年，煤电发电利用小时数为 4366 小时。国家推出重点研发计划"煤炭清洁高效利用和新型节能技术"，围绕煤炭高效发电、煤炭清洁转化、燃煤污染控制、工业余能回收利用、工业流程及装备节能等技术方面进行了部署，2016~2018 年发布了三批指南，启动了"超超临界循环流化床锅炉技术研发及示范""高效灵活二次再热研制及工程示范""700℃等级高效超超临界发电技术"等一批重大共性关键技术及应用示范任务。同时，科技部会同有关部门研究部署了面向 2030 年的煤炭清洁高效利用重大项目，面向煤炭绿色开发、煤炭清洁燃烧与高效发电、煤炭清洁转化、CCUS、煤炭清洁高效利用决策支持等五大方向进行了任务部署，与重点专项任务形成远近结合、梯次接续的系统布局。"十四五"期间，预计实现燃煤发电净效率突破 50% 的技术基础；燃煤发电机组实现 20%~100% 调峰，对可再生能源并网消纳支撑能力显著提升，并掌握百万吨 CCUS 成套技术。

（二）随着技术进步，非常规油气开发利用进入快车道

"十四五"期间，我国在推进经济高质量发展的同时，对油气资源的需求持续加大。2019 年，我国原油对外依存度达到 72%，给我国能源安全带来严峻挑战。随着技术进步，非常规油气将逐步成为我国油气供给的重要组成部分。"十三五"期间，我国页岩气在四川盆地五峰—龙马溪组实现商业开发，具备了 3500 米以浅海相页岩气开发利用的能力。"十四五"期间，随着技术进步，我国页岩气勘探将向深层、常压、新区、新领域持续拓展。页岩气开发技术逐步成熟，通过立体开发、大数据技术利用、水平井分段压裂技术体系持续攻关与改进，将实现单井产量不断提升、单井成本持续下降，助推页岩气产业快速发展。在煤层气方面，通过持续技术攻关，有望在中高煤阶煤层气领域实现效益开发，鄂尔多斯和准噶尔盆地低煤阶煤层气、南方复杂构造区煤层气实现勘探新突破。在陆相页岩油方面，有望通过提产降本攻关在中高成熟页岩油领域实现规模商业开发。

（三）发展清洁主导、电为中心、互联互通的能源互联网和先进输电产业

"十四五"时期是推动能源变革转型的关键期和窗口期。世界经济受到疫情冲击，国际环境发生重大变化，我国发展面临的风险挑战前所未有，迫切需要有效应对冲击、实现良性循环。我国能源互联网覆盖面广、带动力强，既能够通过特高压、清洁能源、电动汽车充电网络等建设，稳投资、稳企业、保居民就业、保

能源安全、保产业链稳定，带动新技术突破、产业升级，稳住经济基本盘，促进高质量发展；又能够促进新时代西部大开发，推动西部北部"风光"乡村振兴，助力区域协调发展；也是我国创新发展、占领世界发展制高点的有力举措。需要加快我国能源互联网建设，避免走化石能源先建后拆、先排后治的老路，严控煤电总量、优化布局，大力发展西部北部清洁能源，以风光水储输联合模式实现能源可靠供应。

解决我国能源问题，实现能源转型，加快构建清洁低碳、安全高效的现代能源体系。在能源生产、消费、配置环节协同发力，打造清洁主导、电为中心、互联互通的中国能源互联网。在生产环节，以清洁主导转变能源生产方式，严控煤电总量、优化煤电布局，大力开发清洁能源，以风光水储输满足煤电退出后电力供应；在消费环节，以电为中心转变能源消费方式，加快电能替代，发展电制燃料产业，提升能源消费品质和安全保障能力；在配置环节，以大电网互联转变能源配置方式，强化特高压骨干网架，形成"西电东送、北电南供、多能互补、跨国互联"的能源格局。

（四）逐步完善自主核科技体系，形成规模化发展布局，逐步拓展核能综合利用

我国核科技创新体系致力于世界核能领域前沿科学技术的研究和突破，在三代核电技术自主创新、四代核电技术研究及工程化推广、地浸采铀技术工业化应用、核燃料循环技术领域均取得了大量创新成就，具有很好的基础。2019年，"华龙一号"示范工程按期按质推进、大型先进压水堆示范工程按计划推进、高温气冷堆核电站即将建成、海洋核动力平台研发持续开展、陆上小型压水堆示范工程正在开展前期工作。我国大力推动先进核技术研发，形成了钠冷快堆、钍基快堆、铅基快堆、聚变堆等先进反应堆系统，其中，快堆示范工程正在加快建设，钍基熔盐堆启动建设，铅铋零功率反应堆首次实现临界，聚变堆研发取得一定突破。核燃料循环产业不断发展壮大，其中，铀资源勘查取得新进展，铀矿采冶能力与水平进一步提升，核燃料产业技术和能力进一步增强，核燃料循环后端积极推进。

在核能综合利用领域，2019年，海阳核能供热首个"超长"供暖季圆满收官。海阳远距离大规模核能对外供热工程研究于2019年12月启动，圆满完成首年度供热任务，持续为70万米^{2}居民用户供热129天，在技术上实现了电厂核能利用效率的提高，在经济上具备了与燃煤供热竞争的能力，总体取得了"居民用暖价格不增加、政府财政负担不增长、热力公司利益不受损、核电企业经营作贡献、生态环保效益大提升"的多重效果。海阳核能供热项目仍在加快推进，下一阶段可实现3000万米^{2}的供热能力，届时可在满足海阳市整个城区供热需求的基础

上,向周边城市供热;随着后续核电项目的推进,最终可形成超过 2 亿米^2 的供热能力,将广泛应用于胶东半岛地区,持续为打赢蓝天保卫战作出贡献。

(五)风能产业预计超量完成"十三五"规划目标

截至 2019 年底,我国风电累计装机容量已提前超额完成"十三五"规划目标,风电年发电量已与"十三五"规划要求相差较小,并于 2020 年完成目标。消纳利用目标和产业发展目标均于 2020 年完成,如表 1.6 所示。

表 1.6 截至 2019 年底风电发展实际情况与"十三五"规划目标的比较

利用方式	"十三五"规划目标(截至 2020 年)	实际情况(截至 2019 年底)
1. 总量目标	风电累计并网装机容量为 2.1 亿千瓦	风电累计装机容量为 2.36 亿千瓦
	海上风电累计并网装机容量为 500 万千瓦	海上风电累计装机容量为 683.8 万千瓦
	风电年发电量为 4200 亿千瓦·时,占全国总发电量的 6%	风电年发电量为 4057 亿千瓦·时,占全国总发电量的 5.5%
2. 消纳利用目标	有效解决弃风问题	全国平均弃风率为 4%
	"三北"地区全面达到最低保障性收购利用小时数	—
3. 产业发展目标	3~5 家设备制造企业全面达到国际先进水平,市场份额明显提升	全球风电整机商前 15 强中,中国风电整机商占据 8 席,市场份额约占 37.6%

2019 年 5 月,国家发展改革委发布《国家发展改革委关于完善风电上网电价政策的通知》,要求 2018 年底之前核准的陆上风电项目,2020 年底前仍未完成并网的,国家不再补贴;2019 年 1 月 1 日~2020 年底前核准的陆上风电项目,2021 年底前仍未完成并网的,国家不再补贴。自 2021 年 1 月 1 日开始,新核准的陆上风电项目全面实现平价上网,国家不再补贴。

(六)太阳能光伏产业超额完成"十三五"规划目标,发展态势良好

从"十一五"到"十三五",太阳能光伏发电实际装机容量均达到规划装机容量的 200%以上。表 1.7 列出了"十一五"至"十三五"期间规划光伏发电装机容量和实际光伏发电装机容量的对比。实际光伏发电装机容量远超规划目标。究其原因,相关规划制定得较为保守,不足以满足相关行业快速发展的需求。全球太阳能开发利用规模迅速扩大,技术不断进步,成本显著降低,呈现出良好的发展前景,太阳能光伏已经成为我国最有国际竞争力的战略性新兴产业。"十三五"期间,太阳能光伏产业不断升级,成本快速降低,应用领域和场景不断扩展,逐步实现了不依赖国家补贴的市场化自我持续发展的良好态势,初步具备了平价上网的条件。

表 1.7 "十一五"至"十三五"期间光伏发电规划目标和实际完成情况

参数	"十一五"期间	"十二五"期间	"十三五"期间
规划装机容量/万千瓦	25	2000	10500
实际装机容量/万千瓦	80	4353	25343
完成百分比	320.00%	217.65%	241.36%

"十四五"期间,太阳能光伏产业的重点是进一步降低光伏组件和系统的成本,其中,组件成本将下降到 1.7 元/瓦,系统成本将降到 3.5 元/瓦,度电成本将下降到 0.3~0.4 元/(千瓦·时)。

(七)"十三五"期间我国形成完备的太阳能热发电产业链,成本仍然是制约产业发展的关键因素

太阳能热发电的商业化快速发展起步于 2017 年,随后几年中国成为拉动全球太阳能热发电行业发展的"火车头",太阳能热发电装机容量全球占比逐年增高。图 1.10 为 2017~2020 年我国太阳能热发电新增装机容量与全球太阳能热发电新增装机容量变化情况。"十三五"期间,中国在太阳能热发电行业形成基本完备的产业链,国内首批示范电站主要依靠国内企事业单位、设备供应商和施工建设单位完成,在国际上,中国企业作为项目总包商和工程建设商已经建成太阳能热发电站 2 座,作为总包商在建太阳能热发电站 1 座,作为总包商签订合同建设太阳能热发电站 1 座。据《太阳能热发电及采暖技术产业蓝皮书 2018》统计,2018 年从事太阳能热发电产业的企事业单位约 290 家,涉及电站设计、电站总包、电站工程建设、机械电子装备、地质勘探、检测仪器仪表、玻璃/水泥/钢铁/传储热介质等大宗材料等方面。

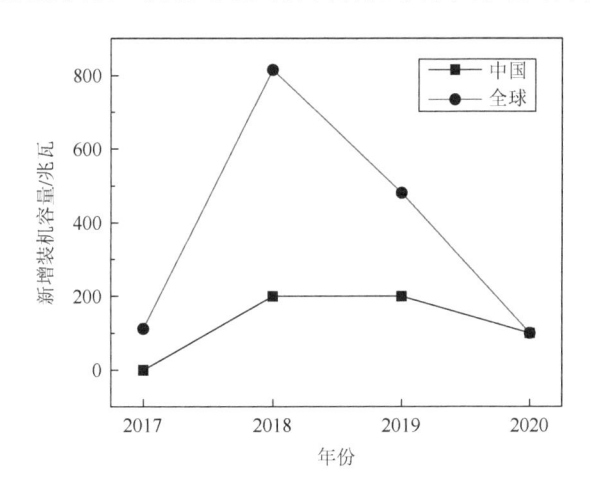

图 1.10 2017~2020 年中国与全球太阳能热发电新增装机容量

我国"十三五"规划太阳能热发电装机容量为1000兆瓦，实际太阳能热发电装机容量约550兆瓦，太阳能热发电标杆电价为1.15元/（千瓦·时）。在"十三五"早期，我国太阳能热发电技术还不够成熟，而电站建设周期在2年左右。这就导致在项目实施初期，企业观望气氛浓厚。太阳能热发电成本电价降低主要依靠两个方面：一是技术突破；二是产业规模扩大。自"十二五"期间成本电价为1.8元/（千瓦·时）下降到"十三五"期间的标杆电价，主要依靠国内的技术突破，产业规模并没有相应扩大，导致"十三五"期间成本电价下降幅度较小。根据2020年国家能源局发布的相关政策，太阳能热发电不再列入中央补贴范围，导致行业发展受到阻碍，进入沉寂期。

（八）生物质发电模式多样化，热电联产是发展的趋势；生物质燃料的发展有赖于产业转型升级、原料多元化、地方政策、标准体系、国际市场开拓和科研攻关力度

截至2019年，我国生物质能产业除生物质发电行业超额完成"十三五"规划目标外，其余行业均未达到规划目标，尤其是生物天然气行业与规划目标相去甚远。从表1.8中可以推出，2019年我国生物质发电量和装机容量分别超额完成23.4%和53.3%，其中，垃圾焚烧发电装机容量超额完成60%，农林生物质发电装机容量超额完成42.9%，沼气发电装机容量超额完成100%，生物天然气产量不到规划目标的1.25%，生物质成型燃料产量完成规划目标的66.7%，生物液体燃料产量完成规划目标的58.3%，其中，燃料乙醇产量完成量为67.25%，生物柴油产量完成量为40.5%。行业之间的发展差距可能与行业政策、技术和运营模式相关。

表1.8 截至2019年底生物质能发展实际情况与"十三五"规划目标的比较

利用方式	"十三五"规划目标（截至2020年）	实际情况（截至2019年底）
1. 生物质发电	装机容量为1.5万兆瓦，发电量为900亿千瓦·时	装机容量为2.3万兆瓦，发电量为1111亿千瓦·时
垃圾焚烧发电	装机容量为7500兆瓦	装机容量为1.2万兆瓦
农林生物质发电	装机容量为7000兆瓦	装机容量为1.0万兆瓦
沼气发电	装机容量为500兆瓦	装机容量为0.1万兆瓦
2. 生物质成型燃料	产量为3000万吨	产量为2000万吨
3. 生物天然气	产量为80亿米³	产量<1亿米³
4. 生物液体燃料	产量为600万吨	产量为350万吨
燃料乙醇	产量为400万吨	产量为269万吨
生物柴油	产量为200万吨	产量为81万吨

生物质直燃发电技术成熟，混燃发电得到重视，垃圾焚烧发电产业链向上游延伸，生物质气化发电和沼气发电向分布式发展，热电联产是发展的趋势。我国生物质发电以直燃技术起步，经过多年的发展已成为行业主导技术。燃煤耦合生物质发电因缺乏相关激励政策，在很长一段时间内没有得到发展。由于生物质替代部分燃煤能降低二氧化碳等气体的排放，燃煤耦合生物质发电模式在欧洲、美国等地区和国家发展比较成熟。出于低碳环保的考虑，我国在"十三五"期间开始重视燃煤耦合生物质发电。2017年11月，《国家能源局 环境保护部关于开展燃煤耦合生物质发电技改试点工作的通知》将燃煤耦合生物质发电正式纳入国家政策支持范围。由于燃煤耦合生物质发电电价政策不明晰，试点初期企业技改积极性不高，技改难以推行。2018年6月，《国家能源局 环境保护部关于燃煤耦合生物质发电技改试点项目建设的通知》提出采用节能低碳电力调度和政府购买公共服务的模式补贴燃煤耦合生物质发电项目。部分试点企业已完成单纯的燃煤发电机组向燃煤耦合生物质发电机组的改造。垃圾焚烧发电作为一种垃圾快速处理的手段，不仅有利于提高城市环境质量，保障城市的可持续发展，而且能补充电力能源。传统的垃圾填埋方式存在占地面积大、污染地下水等缺陷，具有不可持续性。但是，垃圾组成复杂、湿度大，焚烧效率低，易产生有害气体，污染环境。因此，垃圾焚烧发电在很长一段时间推广进展缓慢。为规范生活垃圾焚烧发电建设项目环境管理，引导生活垃圾焚烧发电行业健康有序发展，环境保护部办公厅于2018年3月印发《生活垃圾焚烧发电建设项目环境准入条件（试行）》；同时，为促进垃圾焚烧发电项目的规范运营及安全生产，由国家能源局批准的《垃圾发电厂运行指标评价规范》（DL/T 1842—2018）和《垃圾发电厂危险源辨识和评价规范》（DL/T 1843—2018）已于2018年7月1日起正式实施。2019年6月，住房和城乡建设部等九部门联合印发了《关于在全国地级以上城市全面开展生活垃圾分类工作的通知》，决定自2019年起在全国地级及以上城市全面启动生活垃圾分类工作。垃圾分类的全面推行可以从源头上控制垃圾原料的品质，有助于分类资源化，提高垃圾焚烧效率。垃圾分类产业将迎来蓬勃发展，垃圾焚烧和餐厨垃圾沼气发电规模将会进一步提升。沼气发电和生物质气化发电因受限于资源分布及其本身的技术特点，更适合分布式布局。热电联产成为生物质发电的新趋势。

生物质成型燃料生产规模的提升有赖于地方政策支持、标准体系完善和民众接纳度提升。我国生物质成型燃料技术已发展成熟，规划到2035年达到5000万吨的规模，但是目前其产量一直徘徊不前，可能原因如下：①地方政府认识不足。生物质成型燃料在欧洲、美国、日本等地区与国家被大力推广使用，其减排效果显著。我国曾一度把生物质成型燃料列为高污染燃料。环境保护部在2017年发布的《高污染燃料目录》中未将规范燃用的生物质成型燃料纳入高污染燃料范畴，但是有些地方政府的环保监管部门仍然把生物质成型燃料看作高污染燃料禁止使用。配套生物质成型燃料专用锅炉可以实现其清洁利用。②缺乏完善的质量标准体系和监督管理。生物质成型燃料在生产设备方面的行业标准、国家标准和指标约束性标准相对较少，同时由于质量监督工作不到位，标准在行业内没有被很好地贯彻执行。③民众对生物质成型燃料接纳度较低。生物质成型燃料成本涵盖原料收集、生产和流通成本，在农村地区存在免费可取的大量秸秆的前提下，生物质成型燃料以售卖的形式推荐给民众，难被民众接受。生物质成型燃料的发展一方面依赖于政策和自身标准体系的建立，另一方面需要找准市场定位及应用方式。

沼气向规模化方向发展，生物天然气是沼气产业转型升级的重点方向。我国沼气已步入产业化阶段，并逐步形成商业模式，主要以燃料和发电的方式被利用。我国户用沼气池技术处于国际领先水平，在财政补贴的政策支持下，一直处于稳定发展势态，已经形成一个完整的技术推广和服务体系，产生的沼气作为燃料用于炊事和供暖。大中型沼气工程通过引进吸收欧盟国家的先进技术和设备，并在此基础上进行技术攻关，形成了一批具有自主知识产权的新技术和新设备，2019年，规模化沼气工程达到5000处以上。生物天然气工程刚刚起步，规模较小，截至2020年，产量不到1亿米^3，64个生物天然气试点项目仅有约1/3在运行，产业发展未形成规模，存在较大的市场壁垒，多元化产品市场体系尚不成熟，市场需求不稳定，项目盈利水平不足，行业标准体系不完整，设备系统的整体效率、稳定性和可靠性等方面有待提升。为促进生物天然气产业健康持续发展，2019年12月，国家发展改革委等十部委联合印发《关于促进生物天然气产业化发展的指导意见》，提出编制国家生物天然气发展中长期规划，并将其纳入国家能源发展规划等相关国家规划，建立健全生物天然气产业体系，包括原料收集保障体系、多元化消费体系、与常规天然气融合发展体系、工业化有机肥生产消费体系和监测体系。若该意见的各项措施能落实到位，生物天然气行业的发展前景将非常广阔。

燃料乙醇生产原料多元化，生物柴油开拓国际市场，其他先进生物液体燃料依然需要加大科研攻关力度。我国发展燃料乙醇的原则是"大力发展纤维乙醇，适度发展木薯等非粮燃料乙醇，控制总量发展粮食燃料乙醇"。在目前纤维素燃料乙醇产业技术尚未取得突破性进展的条件下，拓宽非粮原料来源和转化技术成为增加燃料乙醇产量的一种可行途径。2017年山西省启动了全球第一个利用煤气化气生产燃料乙醇的项目，年产燃料乙醇6.34亿升，已于2020年底投产。首钢京唐公司2018年建成全球首套工业尾气制燃料乙醇项目，年产燃料乙醇4.5万吨。多渠道制备燃料乙醇成为新的尝试。生物柴油存在原料收集体系不完善、价格形成机制不健全、配套扶持政策和市场销售网络建设不到位等问题，使得其产量与产能严重脱节。上海市是我国生物柴油产业运营模式最成熟的地区，形成了稳定的原料收集、产品生产和销售体系，为生物柴油在我国其他地方的发展提供了参考模板。近年来，欧洲市场对地沟油来源的生物柴油需求上升，我国用地沟油生产的生物柴油达到欧盟标准,对欧洲的出口量由 2018 年的 3 亿多升增加到 2019 年的 6 亿多升,对马来西亚的出口量也达到近 1 亿升。开拓国际市场成为我国生物柴油发展的新契机。其他先进生物液体燃料如纤维素燃料乙醇、生物质气化合成液体燃料和生物质热解油等因生产成本较高尚处在工程示范阶段,重视低廉、高效转化技术的研发是先进生物液体燃料走出困局的关键,在此基础上推进工程示范建设才能很好地为其产业化奠定基础。

(九)地热能产业多点开花,浅层地热能、高温流体勘查和干热岩压裂均取得新突破

中国地热能直接利用多年来保持世界第一。2019 年,中国建成了国内最大的地源热泵系统工程——北京大兴国际机场的地源热泵系统。该系统正式投运后可为 250 余万米^2 的办公场地供热和制冷,为地源热泵技术推广提供典范。中国加大地热资源勘探力度,水热型地热资源勘查取得多点突破,探获 3 处 180℃ 以上干热岩体,为地热利用提供新的资源支撑。地热发电取得新进展,羊易一期 16 兆瓦地热电站满负荷试验运行成功,地表以下 300 米处地热流体温度超过 200℃,2020 年,羊易再增加 16 兆瓦装机容量,羊八井地热发电设施完成更新改造,中核集团获得古堆、谷露地热田矿权,2020 年 9 月,谷露镇项目开工建设。青海共和盆地干热岩科技攻坚顺利推进,实现国内干热岩压裂零的突破,于 2021 年实现试验性发电,踏上中国地热发电的新征程。2019 年,中国成功申办 2023 年世界地热大会,进一步提升了地热领域在国际上的知名度和影响力。

"十三五"末,地热产业发展向着深部、非常规资源进军。中国启动实施了一批地热领域的国家重点研发计划,涉及花岗岩、火成岩、碳酸盐岩和砂岩等热储层,钻井、压裂改造和采灌等地热资源开发利用技术有望获得突破,地热发电装机容量预计将大幅增长。

(十)"制—储—运—用"氢能全产业链技术不断成熟,加快交通领域低碳化、清洁化应用

在国家的政策引导下,燃料电池汽车的示范推广和产业培育已初见成效。在产业链建设方面,"制—储—运—用"氢能全产业链技术不断成熟,已初步形成京津冀、长三角和珠三角等氢燃料电池汽车产业集群,带动越来越多的企业将氢燃料电池汽车纳入发展计划。截至 2020 年 8 月,中国氢产业链相关企业数达 2196 家;2016~2020 年,氢能相关企业新增注册量增长 457%。在核心技术方面,已基本掌握氢燃料电池汽车及其关键部件等核心技术,形成了氢燃料电池电堆、

发动机系统和储氢/供氢系统等关键部件的配套研发体系，具备氢燃料电池汽车动力系统平台与整车生产、试验能力。

从各制氢路径的特点来看，传统制氢工业以煤、天然气等化石能源为原料，制氢过程产生二氧化碳排放，制得氢气中普遍含有硫、磷等危害燃料电池的杂质，提纯及碳捕集是现阶段制氢所要发展的重要技术，实现高效洁净的化石能源制氢、低成本可再生能源制氢是制氢技术的发展趋势；氢能储运效率与储运成本是氢能储运技术的核心问题，固态储氢及规范化高效低成本储运技术是未来氢气储运的发展重点；未来将进一步推广质子交换膜燃料电池（proton exchange membrane fuel cell，PEMFC）在私家车交通领域应用，重点发展固体氧化物燃料电池（solid oxide fuel cell，SOFC）集中式、分布式发电技术。

第二章　能源新技术新兴产业发展的核心工业基础现状、重点领域短板及"卡脖子"问题研究

"十三五"期间，我国技术装备水平大幅提升，工业基础优势凸显，为能源新技术及可再生能源发展注入澎湃动能。一方面，我国已形成较为完备的可再生能源技术产业体系，低风速风电技术位居世界前列，国内风电装机 90%以上采用国产风机，10 兆瓦海上风机开始试验运行。光伏发电技术快速迭代，多次刷新电池转换效率世界纪录，光伏产业占据全球主导地位，光伏组件全球排名前十的企业中中国占据 7 家。全产业链集成制造有力推动风电、光伏发电成本持续下降，2011～2021 年陆上风电和光伏发电项目每千瓦平均造价分别下降 30%和 75%，产业竞争力持续提升，为可再生能源新模式、新业态蓬勃发展注入强大动力（国家能源局，2021）。另一方面，我国在自主技术创新、核心装备及零件制造、材料与软件成果转化方面仍然存在短板，受制于人。

第一节　核心工业基础现状

（一）煤炭清洁高效转化与利用

先进燃煤发电得到国家科技计划重点方向的持续支持，取得了一系列重要成果。2019 年，全国百万千瓦超超临界燃煤发电机组有 111 台在运行，超过其他国家的总和，平均供电标准煤耗约 280 克/（千瓦·时），引领了世界燃煤发电技术发展方向。2015 年，泰州电厂 3 号机组是世界首台成功运用二次再热技术的百万千瓦超超临界燃煤发电机组，实现供电标准煤耗 266 克/（千瓦·时），成为全球煤电新标杆。2013 年，世界首台 600 兆瓦超临界循环流化床燃煤锅炉机组投入示范运行，净发电效率达 40%，我国大型循环流化床锅炉技术已经达到世界领先水平。

我国燃煤发电机组大气污染物超低排放要求严于世界主要发达国家和地区，燃煤发电不是我国大气污染物的主要来源。我国持续推进燃煤发电机组淘汰落后产能和节能减排升级改造，供电煤耗与污染物排放持续下降，已步入世界领先行列。2019 年，平均供电标准煤耗降至 306 克/（千瓦·时）（相当于净发电效率为 40.2%）。

截至2019年底，我国实现超低排放的燃煤发电机组累计装机容量约8.9亿千瓦，占总装机容量的86%。

（二）非常规油气开发利用

中国成为继美国之后第二个整体推进非常规油气资源勘探开发的国家，部分技术已走在世界前列。

"十三五"期间，中国油气对外依存度持续攀升，2019年，原油对外依存度达到72%，在日益复杂的国际形势下，给国家能源安全带来严重影响。加快非常规油气勘探开发成为中国加大油气勘探开发力度的重点领域之一。"十三五"期间，中国已成为北美以外整体推进非常规油气资源勘探开发的国家，并呈现出了良好发展态势，部分技术已走在世界前列。

中国页岩气快速增长，是北美以外首个实现页岩气商业开发的国家。已发现涪陵、威荣、永川、长宁、威远、昭通六个页岩气田，2019年页岩气累计探明地质储量达18099.91亿米^3，是2015年的3.3倍。2019年页岩气产量达到154亿米^3，较2015年的44.7亿米^{3}增长了244%。页岩气在多个新领域取得突破，在理论研究方面，已经初步形成复杂构造区海相页岩气富集规律地质理论与认识规律，初步建立了复杂构造区海相页岩气选区及目标评价技术，在页岩气地质实验技术（包括页岩现场含气量测定技术、页岩储层孔隙结构精细表征技术）方面取得积极进展，初步建立了海相页岩气测井综合评价技术、海相页岩气甜点地球物理预测技术，形成了3500米以浅海相页岩气水平井钻完井及分段压裂改造"工厂化"作业技术系列，并自主研制了世界首台3000型成套压裂机组，研发了高强度页岩气专用完井套管、定向聚晶金刚石复合片（polycrystalline diamond compact，PDC）钻头、低黏高切油基钻井液，实现了关键钻井提速工具和钻井液体系的全面国产化。

煤层气稳步增长。中国已经形成沁水盆地南部、鄂尔多斯盆地东缘两大煤层气产业基地。2019年中国煤层气累计探明地质储量为6586亿米^3，较2015年增长4%。2019年地面煤层气产量为59.15亿米^3，较2015年增长33%。煤层气在新疆、川南、鸡西等地区取得新发现。通过持续攻关已经初步建立了高煤阶、中低煤阶煤层气富集理论；形成了不同井型的煤层气藏钻完井配套技术和压裂增产改造技术；研发了适合800米以浅煤层的直井/丛式井、水平井钻完井技术系列；煤层气排采及自动控制技术取得积极进展，提高了定量化排采技术水平，实现了煤层气的持续、稳定、高效排采。

在页岩油方面，中国石油持续推动准噶尔、鄂尔多斯、四川、松辽、三塘湖盆地页岩油攻关。在准噶尔盆地吉木萨尔凹陷二叠系芦草沟组开发试验取得阶段性成果，2019年累计建成产能为49.5万吨，产量达11.5万吨。鄂尔多斯盆地通过技术攻关，单井产量由9.6吨提升至18.6吨，单井投资下降20%，2019年产量达96万吨。中国石化针对潜江盐间、济阳坳陷等地区开展页岩油攻关，四川盆地涪页8-1井压裂测试日产油量为43.9米^3，日产天然气量为1.9万米^3。初步形成陆相页岩油甜点评价、长水平井优快钻完井、密切割缝控体积压裂等技术。

（三）能源互联网与先进输电

1. 能源互联网

我国能源互联网实现了电网、储能、分布式电源和其他能源的高度融合。

在生产环节，以清洁主导转变能源生产方式。我国太阳能、风能、水能技术可开发量分别超过100亿千瓦、35亿千瓦、6亿千瓦，完全能够满足我国未来能源需求。发挥清洁能源资源优势，加快清洁替代，推动以水、风、光等清洁能源替代化石能源，是实现能源供给革命的必然要求。重点开发西部太阳能发电、"三北"风电、西南水电等大型清洁能源基地，因地制宜发展分布式能源和海上风电，安全高效发展核电，配套建设抽水蓄能和电化学等储能系统，以风光水储协同保障能源供应，打造高质量发展的"绿色引擎"。

在消费环节，以电为中心转变能源消费方式。电能是优质高效的二次能源，经济价值相当于等当量煤炭的17.3倍、石油的3.2倍，电能消费占终端能源消费比例每提高1个百分点，能源强度下降3.7%。加快电能替代，推动以电代煤、以电代油、以电代气、以电代柴，形成电能为主的能源消费格局，将大幅提高我国能效水平，降低油气进口依赖度，是实现能源消费革命的根本途径。

在市场环节，以大电网大市场实现能源大范围优化配置。电网既是能源输送的高效载体，也是市场配置的重要平台。基于完全具有自主知识产权的特高压技术创新，我国正在建设世界上电压等级最高、配置能力最强的特高压交直流混合电网，为保障能源安全、推动清洁发展发挥了关键作用。

储能产业是中国能源领域产业发展的重点方向。近几年，中国储能行业发展势头迅猛，储能电站装机容量也稳步提升。根据中关村储能产业技术联盟（China Energy Storage Alliance，CNESA）全球储能项目库的不完全统计，截至2019年底，中国已投运储能项目的累计装机容量达到32.3吉瓦，同比增长3.5%，见图2.1，占全球储能项目的累计装机容量的18%。

其中，抽水蓄能累计装机容量占比最大，为93.7%，比上年下降2.1个百分点；电化学储能累计装机容量为1592.3兆瓦，同比增长48.4%，占比为4.9%，比上年增长1.5个百分点。2019年为国内储能减速调整期，储能将向更加市场化方向发

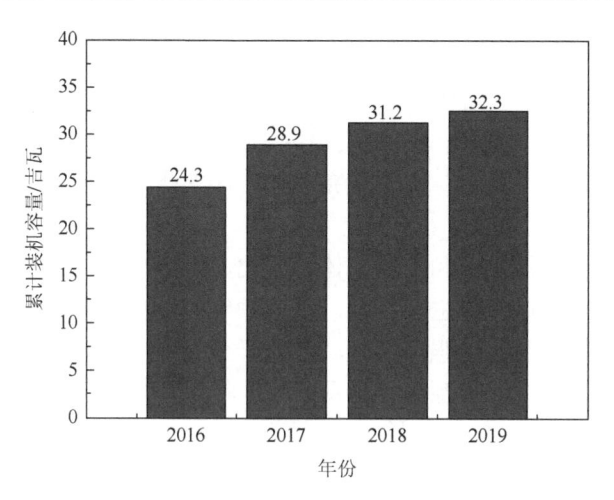

图 2.1 中国储能电站累计装机容量
资料来源：CNESA

展。截至 2019 年底，我国电化学储能新增装机容量为 591.6 兆瓦，同比下降 23.7%。忽略 2018 年的相对激增情况，储能行业仍然维持稳步增长的状态。就应用端来看，用户侧仍是储能最大的应用市场，占比为 51%。此外，2019 年，广东、湖南等地电网侧火储联合投运装机较多。《输配电定价成本监审办法》指出电网企业投资的电储能设施明确不计入输配电定价成本。这意味着短期内电网侧项目建设缺乏盈利渠道支撑，电网侧储能的发展受到制约，长期来看，储能将向更加市场化的方向发展。

2. 先进输电

先进输电产业发展是解决中国能源与负荷逆向分布供需矛盾的有效途径，也是实现中国清洁能源跨区、跨省消纳的基础。特高压工程在保障电力供应、促进清洁能源发展、改善环境、提升电网安全水平等方面发挥了重要作用。2020 年上半年，青海—河南特高压直流工程启动送电，甘肃常乐电厂 750 千伏送出线路、吉林丰满电站 4 号机组等工程建成投运，雅中—江西特高压直流、蒙西—晋中特高压交流等工程有序推进，陕北—湖北特高压直流工程开工建设。

国内特高压产业链处于全球领先地位，直流特高压主要设备包括换流变压器、换流阀、控制保护系统及直流场设备等，交流特高压主要设备包括变压器、电抗器、组合电器等。依托示范工程，我国在国际上首次将柔直输电可靠性提升到常规直流水平。特高压套管国产化研制取得重要突破，±200 千伏、±400 千伏直流套管开始批量生产，性能指标达到国际先进水平，±800 千伏直流套管开始样机制造。2020 年上半年核准南昌—长沙交流、白鹤滩—江苏直流，开工南阳—荆门—长沙、芜湖站扩建交流，投运张北柔直、蒙西—晋中交流等一批重点工程，投产吉林丰满全面治理（重建）工程、安徽绩溪抽水蓄能项目各1台机组，按期实现2022年北京冬季奥运会配套电网、雄安新区电网、第二批边防部队通大网电等重点项目阶段性目标，高质量完成"三区三州"地区和抵边村寨电网建设任务。

电能逐渐成为能源供应和消费主体，西北、西南、东北地区作为主要送端，华东、华中、华北地区作为主要受端，跨区输电将以清洁电力为主，电网大范围配置清洁能源的能力显著增强。同时，依托于分布式清洁能源发电或综合能源优化利用的微电网及分布式能源系统初具规模，将作为大电网的有益补充。

（四）核能

核能形成核产业链比较优势，国产化水平持续提升。我国核电装备产业链和工程建造自主化能力具有全球比较优势，经过几十年不间断的努力，我国核电装备产业布局已基本完成，建成了以东北、上海和四川为代表的三大核电装备制造基地，发展壮大了一批为核电配套的装备和零部件生产企业。压力容器、蒸汽发生器、堆内构件、控制棒驱动机构、主管道、数字化仪控等三代核电关键设备，以及大型锻件、核级锆材、核级焊材等核心材料陆续实现了自主设计、自主制造，并形成每年10台套以上的三代核电主设备制造能力。我国的核电建造队伍已全面掌握了自主建造核电站的核心技术，形成了全球领先的三代核电建造能力，核电装备制造能力进一步加强，2019年国内核电主设备交付39台套，一批具有自主知识产权的关键设备成功完成制造及验收，能够为我国核电的安全建造提供有力支撑。

核能行业管理与安全保障能力不断提高，发布了我国首部《中国的核安全》白皮书，原子能法和核电管理条例等一批涉核法律法规正在抓紧制定，启动了核工业"十四五"发展规划编制，加强了核与辐射安全监督法规标准体系建设，夯实了核应急能力并完善了核应急体系建设。核能国际合作持续深入，双边核能科技合作稳步推进、核能产业链合作持续拓展深化、海外项目建设与市场开发持续开展、全球核领域治理积极参与。

（五）风能

一方面，我国作为全球风电装机容量第一大国，自2010年以来，风电新增装机容量和累计装机容量均居全球第一。近年来，随着我国风电技术创新能力不断加强，我国已经能够独立自主研发大功率陆/海上风电机组，同时我国风电装备制造全产业链配套齐全，风电用叶片、齿轮箱、发电机、变流器、主控系统等主要部件已基本全部实现国产化。我国风电技术的不断创新进步和规模化应用使得在保证风电产品可靠性的基础上，风电成本持续下降，风电产品市场竞争力大幅度提高，逐步进入国际市场，同欧洲、美国等地区或国家风电厂商进行同台竞争。在长叶片、高塔筒等技术应用方面处于国际领先水平，风轮直径超过 200 米、轮毂高度超过 160 米的风电机组即将进入市场，拓宽了风电发展新领域，引领了全球风电发展方向。以激光雷达为代表的智能传感技术广泛应用，不仅能够优化提升风电机组的发电性能，而且将风电转变得更加智能化、智慧化。

另一方面，由于我国整体基础工业较为薄弱，大型海上风电主轴轴承、大尺寸齿轮箱轴承、变流器的集成门极换流晶闸管（integrated gate-commutated thyristor，IGCT）组件等零部件仍然依赖进口。在基础研究方面，叶片气动外形设计、结构强化等较为薄弱。目前，我国正投入大量的资源开展各方面问题的研究攻关。

（六）太阳能光伏

太阳能光伏全产业链布局较为合理，多晶硅产能规模持续扩张，产业基础研究水平与世界同步。

经过"十三五"时期的结构调整和优化布局，目前太阳能光伏全产业链均有较为合理的布局，国内多晶硅产能规模持续扩张，多晶硅依赖进口的局面得到了很大程度的缓解，中国多晶硅产量占到世界多晶硅总产量的 67.3%，相对于后端硅片、电池片和电池组件等环节，多晶硅产业的全球份额相对仍有较大的提升空间。在目前太阳能光伏对成本和质量的严苛要求下，国内市场上 1 万吨以下的落后小产能和海外高成本的旧产能将逐步失去市场竞争力，而行业龙头不断加大低成本先进产能的投产和扩产，市场份额将进一步向头部企业集中，中国对于进口多晶硅的依赖度呈现下降趋势，多晶硅的全球份额有望在"十四五"期间达到与后端全球份额相匹配的水平。在高效硅基电池方面，我国钙钛矿太阳电池与晶硅叠层电池效率超过 28%，相关产业化研究处于国际领先水平。硅基高效太阳电池的产业化研究水平与国际先进水平同步，薄膜太阳电池的产业化研究（特别是碲化镉太阳电池的产业化研究）与国际先进水平尚有较大差距。各种新型太阳电池的中试及产业化初期研究与国际同步。

（七）太阳能光热

1. 太阳能热发电基础工业产能过剩

太阳能热发电站建设需要的大宗产品主要包括水泥、钢铁、玻璃和化工材料等，国内产能巨大，可以支撑任何规模的电站建设。电力设备制造业和电力设计行业也属于过剩行业，由于国内燃煤电站装机增长缓慢，国内各大电力设备制造商产能过剩，纷纷转入新能源行业。机电装备制造业等其他行业在需要时也能快速转产，满足光热电站建设的需求。截至 2019 年底，我国是全球太阳能热发电最大新兴市场，但是新增装机容量仍然不高。

2. 核心技术均具备独立自主研发能力

依托我国强大的制造业，太阳能热发电产业链上所有产品均具备自主研发能力和制造能力，其中大部分产品具备足够的产能。对于太阳能热发电领域的关键材料、部件和装备，我国均具备自主研发能力。导热油、熔融盐、阀门与泵、定日镜、槽式聚光器、真空集热管、熔盐吸热器、换热器、熔盐储热系统、发电机组和冷却岛等在我国首批示范项目中都有所应用，而且均为我国具有自主知识产权的产品。在某些领域，我国已经达到国际领先水平。

3. 产品质量和长期运行的可靠性是我国产品的薄弱环节

这是我国太阳能热发电行业起步较晚和高精尖加工与高性能材料工业相对薄弱所决定的。由于行业起步晚，缺乏长期运行经验及在寿命期内实现高可靠性的技术手段。太阳能热发电产品存在的主要质量问题是由实际应用时间较短，以及材料性能无法满足多样化的工况要求所引发的。

（八）生物质能

生物质发电、生物质成型燃料和生物柴油产业技术成熟，生物天然气产业刚刚起步，先进生物液体燃料产业尚处于工程示范阶段。我国生物质能开发程度位居全球前列，2019 年，生物质发电装机容量超过 2 万兆瓦，发电量达到 100 多太瓦·时，已形成 50 兆瓦高温高压生物质直燃发电技术和 10 兆瓦生物质秸秆气化多产品联产技术，生物质混燃发电技术处在起步阶段，垃圾焚烧发电厂达到 400 多座，单座垃圾焚烧厂日处理垃圾量最高达到 6000 吨，沼气池有上万个，中小型沼气发电技术成熟。生物质成型燃料单机产能达到 5 吨/时，成型设备及配套设备制造工艺成熟。粮食和非粮燃料乙醇生产技术成熟，已建和在建产能合计达到 800 万吨左右，地沟油生产生物柴油技术成熟，二代生物柴油实现出口交易，生物天然气产业尚处在起步阶段，纤维素燃料乙醇、生物质气化合成液体燃料和生物质热解油等先进生物液体燃料尚处在工程示范阶段。

（九）地热能

浅层地热能开发利用产业链日趋成熟，但是地热发电亟待加强，干热岩开发技术仍处于探索实践阶段。地热资源分为浅层地热资源、水热型地热资源和干热岩型地热资源。产业利用方式为直接利用、地热发电和干热岩开发。直接利用以供暖、温泉旅游、医疗、洗浴为主，以温室种植为辅，利用对象主要为浅层地热资源和水热型地热资源；地热发电利用对象主要为高温水热型地热资源和干热岩型地热资源，我国地热发电量近10年变化不大，亟待加大地热发电力度，推动产业提升；干热岩开发处在试验阶段。

（十）氢能与燃料电池

我国氢气的生产利用已经非常广泛，但主要把氢作为工业原料而非能源使用。我国以煤制氢为主，其产能约占我国制氢产能的96%，国外以天然气重整制氢为主。我国煤制氢成本为天然气重整制氢成本的70%～80%，煤制氢是目前成本较低且技术成熟的制氢方式。天然气重整制氢也是我国制氢的重要技术，例如，以甲醇重整制氢为代表的高温分解制氢技术目前广泛应用于电子、冶金、食品和小型石化行业；碱性电解槽法制氢也是目前应用较为广泛的成熟技术之一，但受其消耗电量大、成本高等因素的影响，发展规模较小。此外，我国生物质制氢和光解水制氢技术也尚在试验、开发阶段。

在储运方面，目前广泛应用的储氢方式是高压气态储氢，主要应用于燃料电池汽车领域。我国已研发出抑暴抗暴、缺陷分散、运行状态可在线监测的多层高压储氢罐。低温液态储氢主要在航天等领域得到应用。国内固态储氢已在分布式发电中得到示范应用。我国氢能运输以长管拖车运输高压气态氢为主，但当运输距离增加后，提高气态氢运输压力或采用液氢槽车、输氢管道等运输方案才能满足高效经济的要求。目前中国氢气管网建设正在加速布局，但与发达国家相比仍有差距，中国氢能联盟于2019年发布的《中国氢能源及燃料电池产业白皮书》显示，我国仅有100公里输氢管道，而美国有2500公里输氢管道，欧洲有1569公里输氢管道。我国固态、液态氢能运输方式的大多技术尚处于研发阶段，目前投入应用较少。

加氢的基础设施是燃料电池车应用的重要保障，也是氢能发展利用的关键环节。目前国内加氢站的建设成本较高，其中，设备成本占到70%左右，单个加氢站的建设成本在1000万元以上，大幅高于传统加油站的建设成本。随着氢气加注量的不断增加及同加油站、加气站的合建，单位氢气的加注成本将呈现下降趋势。国内正积极探索油、氢、气、电的联合建设运营模式，中国石油、中国石化等央企已开始进行相关的研发和建设，以降低运营成本。

在当前的商业应用中，PEMFC 是实现氢能规模普及的重要途径。目前我国 PEMFC 和 SOFC 基本实现产业化发展，膜电极、双极板、空气压缩机等 PEMFC 关键材料、部件已基本实现自主化，但在系统集成等方面落后于国际先进水平。我国燃料电池产业具备研发实力，还具有产业基础完备、氢能供给多元、产业链完整、应用场景丰富等发展优势，为燃料电池产业整体协同发展奠定了坚实的基础。

第二节　重点领域短板及"卡脖子"问题分析

（一）煤炭清洁高效转化与利用

我国在大规模燃煤与可再生能源耦合发电技术方面的产业化规模和部分关键技术较落后于国际先进水平，需要进一步研发和示范应用具有更高参数的燃煤发电机组和具有更高发电效率的新动力系统。2015 年，我国煤炭燃烧产生的二氧化硫、氮氧化物、颗粒物排放量分别占全国排放总量的 84%、64%和 80%，对全国雾霾贡献率超过 50%，煤炭利用过程中排放的重金属严重威胁人民群众的身体健康。

我国煤炭清洁高效转化和利用与世界先进水平的差距主要体现在以下 5 个方面：①我国大部分燃煤发电机组按照基本负荷设计，调峰灵活性不足，低负荷工况安全性、经济性和环保性差，同时，热电机组以热定电的运行模式限制了电负荷调节能力；②我国 IGCC 电站规模和运行可靠性基本与世界同步，运行灵活性和净发电效率有待进一步提高，整体煤气化燃料电池联合循环（integrated gasification fuel cell combined cycle，IGFC）技术仍处于基础研究和关键技术研发阶段，与国外仍有较大的差距；③我国燃煤电厂具备进一步提升智能化应用水平的基础，但在平台建设、关键技术、规范标准等方面与发达国家相比还有一定差距；④我国大规模燃煤与可再生能源耦合发电技术尚不成熟，部分关键技术和产业化规模与国际先进水平有一定差距；⑤我国在自动化控制系统、分散控制系统（distributed control system，DCS）、可编程逻辑控制器（programmable logic controller，PLC）、核心芯片和软件等煤电基础设施网络安全和设备防护方面与完全自主可控、摆脱"卡脖子"困境、创新引领技术还有一定距离。

煤炭清洁高效转化与利用领域"卡脖子"问题见表 2.1。

表2.1 煤炭清洁高效转化与利用领域"卡脖子"问题列表

重点领域	"卡脖子"问题（环节）	"卡脖子"属性				"卡脖子"程度			控制方
		原材料	产品技术	装备	国内空白	危险	很危险	极度危险	
煤炭清洁高效转化与利用	煤电基础设施网络安全和设备防护			√				√	西门子（Siemens）、通用电气等
	SOFC	√					√		布卢姆能源（Bloom Energy）、三菱重工（Mitsubishi Heavy Industries）

近年来，我国在CCUS各技术环节均取得了显著进展，已开发出多种具有自主知识产权的碳捕集技术，并具备了大规模捕集、管道输送和利用封存系统的设计能力。但是CCUS各环节技术发展不平衡，与规模化、全流程示范应用仍存在较大差距，主要包括：①碳捕集示范规模较小、能耗偏高；②驱油等碳利用与封存示范规模较小，地质封存的性能评估和长期监测技术水平落后于国外；③碳转化与利用技术尚处于研发阶段。

（二）非常规油气开发利用

1. 页岩气

与北美页岩相比，中国下古生界海相页岩时代老、热演化程度高；盆地内部埋深大，盆地周缘构造复杂，保存条件差异性大。深层海相、常压页岩气是我国页岩气未来重要的接替领域，但现有技术尚不成熟，亟须攻关。中国陆相和海陆过渡相页岩非均质性强，优质页岩储层单层薄，黏土矿物含量高，可压裂性差。陆相及海陆过渡相可压裂性评价及体积压裂关键技术欠缺。同时，我国页岩气有利区多位于山区，水资源缺乏，管网不发达，地面建设成本高，钻井和压裂工程施工和材料成本高。页岩气产建区产量递减快、稳产困难，井网下储量动用程度低、采收率低。目前我国已经基本形成适合我国地质特点的页岩气勘探开发理论及配套技术体系，并在压裂设备、关键工具方面基本实现了国产化，可以基本满足我国页岩油气勘探开发需求，但是与美国等发达国家相关技术相比，在施工效率、成本等方面仍存在不小的差距，在大数据分析应用方面尚处于空白。

2. 煤层气

当前我国煤层气地质条件复杂，储层物性非均质性强，资源禀赋差异大。中低煤阶煤层气基础理论研究薄弱，尚未建立符合我国地质条件的、完善的煤层气存储、渗流、开发等地质基础理论。由于存在煤储层物性、地应力、构造煤发育程度差异大，煤体结构复杂，构造复杂区煤层含水性差异大，水汽互窜严重等因素，煤层气钻完井、增产改造技术与煤储层的匹配性差，单井日产量偏低，产气量递减快，采收率低。符合我国煤储层地质条件的勘探开发关键技术尚未形成。

3. 陆相页岩油

中国陆相富有机质页岩具有非均质性强、有机质类型复杂、热演化程度偏低、黏土含量高、塑性强的特点。我国针对陆相页岩油研究基础相对薄弱，配套核心技术尚未形成。新形势下，页岩油面临投资规模大、勘探开发成本高、难以实现规模推广的问题。

非常规油气开发利用领域"卡脖子"问题见表 2.2。

表 2.2 非常规油气开发利用领域"卡脖子"问题列表

重点领域	"卡脖子"问题（环节）	"卡脖子"属性				"卡脖子"程度			控制方
		原材料	产品技术	装备	国内空白	危险	很危险	极度危险	
非常规油气开发利用	旋转导向工具			√		√			斯伦贝谢（Schlumberger）、哈里伯顿（Halliburton）等
	大数据分析与利用		√			√			康菲（ConocoPhillips）、雪佛龙（Chevron）、BP 等

（三）能源互联网与先进输电

随着能源转型的不断深入、电网结构的日益复杂、发电计划的逐步放开，大电网调控运行技术体系和产品装备亟须升级换代，以适应我国能源转型升级和电力市场化建设发展；在实时监控与分析决策方面，需要以全局视角深化升级电网实时监控和分析决策技术，强化电网结构复杂、运行方式多变、内外环境耦合环境下的大电网调度运行风险全局一体化管控能力；在计划市场与优化运行方面，基于发电计划的逐步放开及能量分配的不确定性，需要提升市场交易和计划编制的协同化水平，支撑电力市场健康发展；在电网运行综合评估方面，为精确掌握电网运行态势和清洁能源消纳情况，需要构建大电网多维度、多层级、全过程综合指标评估体系，支撑清洁低碳、安全高效、经济可靠的新型调度方式；在综合能源方面，商业模式尚在摸索阶段，尚未形成统一的软件和硬件标准，各地陆续制定不同的规范，不利于行业的健康发展，需要研究智慧能源运维服务系统及移动应用技术，基于全景建模、综合告警、运维流程管控及评价等关键技术研究，实现配电房运维监控、资产管理、服务考评、运营管理等功能。

能源互联网与先进输电领域"卡脖子"问题见表2.3。

表2.3 能源互联网与先进输电领域"卡脖子"问题列表

重点领域	"卡脖子"问题（环节）	"卡脖子"属性				"卡脖子"程度			控制方
		原材料	产品技术	装备	国内空白	危险	很危险	极度危险	
能源互联网与先进输电	电力系统二次设备硬件电路设计、仿真软件			√			√		楷登电子（Cadence）、赛灵思（XILINX）、微芯科技（MICROCHIP）、安斯科技（ANSYS）等
	变电站二次系统设备核心芯片		√				√		安谋（ARM）、英特尔（Intel）等

（四）核能

我国核电在国家政策的支持和引导下，经过二代、三代核电机组的批量建设，已经建立了基本完整的核工业体系，具备了一定的核电技术研发与装备制造能力，但仍然存在一些受制于人的技术瓶颈，主要包括：①部分关键设备及核心零部件受材料、工艺等基础研究薄弱制约，依然依赖进口；②缺少重大设备异常故障的应急修复技术及成套装备，应急修复技术和能力不足；③部分反应堆设计和燃料分析设计等核心软件主要依靠技术转让，没有实现完全自主化。

核能领域"卡脖子"问题见表2.4。

表2.4 核能领域"卡脖子"问题列表

重点领域	"卡脖子"问题（环节）	"卡脖子"属性				"卡脖子"程度			控制方
		原材料	产品技术	装备	国内空白	危险	很危险	极度危险	
核能	核电特殊环境作业类机器人		√			√			欧美企业
	先导式稳压器安全阀、主蒸汽释放隔离阀			√		√			欧美企业
	核级变送器/传感器			√		√			罗斯蒙特（Rosemount）、劳斯莱斯（Rolls-Royce）
	反应堆设计和燃料分析设计等核心软件		√				√		欧美企业
	新型核燃料组件	√		√					—

例如，在核电关键阀门方面，大连大高、中核苏阀、浙江三方、上海阀门厂等已具备部分核级阀门供货能力和业绩，先导式稳压器安全阀、主蒸汽释放隔离阀等部分高端阀门仍由外国企业垄断。在核级变送器/传感器方面，主要由美国罗斯蒙特、英国劳斯莱斯等欧美企业垄断，国内企业在基础工业、材料工业、电子工业水平等方面与国外存在一定的差距，且缺少能够提供完整鉴定服务的权威机构。

在核电智能运维技术装备方面，哈尔滨工业大学等国内多家单位已经开展了核电特殊环境作业类机器人相关研究，但针对重大设备异常故障的应急修复技术和成套装备仍然被欧美企业垄断，国内企业尚不具备自主修复能力。

在核电专用软件方面，通过技术转让和工程经验积累，我国核电企业逐步形成了基本完整的自主软件体系，但受到基础薄弱、模型理解不足和验证数据缺乏等因素制约，仍有燃料棒性能软件、燃料组件事故分析软件等未能实现自主化。

与此同时，世界核电强国均在布局新型核燃料组件、新材料等新技术、新产品，希望通过新技术、新产品在核电上的应用，进一步提升核电安全性和经济性。我国要成为核电强国，彻底摆脱核电受制于人的局面，就必须在解决"卡脖子"关键技术问题的同时，加大新技术、新产品在核电领域的应用研究，真正实现从跟跑、并跑到领跑，牢牢把握我国核电发展和竞争的主动权。

（五）风能

1. 超长柔性风电叶片翼型设计及气动、气弹特性设计分析方法缺失，叶片破坏机理不明确

风电叶片设计涉及数学、物理学、流体力学、结构力学、材料学、控制科学、仿生学等多门类基础科学和工程科学。在采用新材料、新工艺对大型超长柔性风电叶片进行翼型设计的同时，还应研究叶片的动态响应特性，以及在高雷诺数、高叶尖线速度下的叶片气动特性和气弹特性。在保证高风能利用系数的基础上，研究风电叶片气动外形和结构形式的协同一体化设计。风电叶片在风况多变、高雷诺数、高叶尖线速度等复杂气动力影响下极易发生大幅度振荡或发散性扭曲，使叶片产生断裂失效。随着风电叶片长度的不断增加，超长柔性风电叶片的颤振和气弹失稳现象越来越突出，而破坏机理不明，需要研究叶片在气动载荷作用下的挥舞、扭转、摆振等运动耦合的自激励不稳定振动模式，提出主动控制和被动控制相结合的叶片颤振抑制方法。

2. 缺乏大型风电机组主轴轴承设计、制造技术方法和经验

在 2010 年工业和信息化部印发的《机械基础零部件产业振兴实施方案》中，风力发电机增速器轴承、发电机轴承和主轴轴承就已经被列为产业重点发展方向第一位，经过 10 多年的发展，增速器轴承、发电机轴承及小功率的风电主轴轴承在一定程度上实现了技术突破和国产化，但我国在大型风电机组主轴轴承设计方面仍属空白。轴承的设计涉及多门类学科，我国风电主轴轴承在基础理论研究、设计方法、计算分析软件、原材料制备、制造加工工艺、试验设施设备等方面存在巨大缺口，核心技术和方法被舍弗勒（Schaeffler）、斯凯孚（SKF）、铁姆肯（Timken）、恩斯克（NSK）、蒂森克虏伯-罗特艾德（ThyssenKrupp-Rotek）等国际轴承巨头垄断。

3. 风电 IGCT 变流器组件设计能力缺乏

风电 IGCT 变流器与传统的绝缘栅双极型晶体管（insulated gate bipolar transistor，IGBT）变流器相比具有单机容量大、效率高、冲击能力强、功率密度高、可靠性高、结构简单、失效不会炸机、抗干扰能力强等优点，因此中高压三电平 IGCT 变流器是未来风电变流系统发展的方向，但 IGCT 这种新型电力半导体器件被国际电气巨头艾波比（Asea Brown Boveri，ABB）集团公司垄断，我国几乎全部依赖进口，在 IGCT 变流器元器件的设计、IGCT 变流器性能试验等方面与国际先进水平存在较大差距。

风能领域"卡脖子"问题见表 2.5。

表 2.5　风能领域"卡脖子"问题列表

重点领域	"卡脖子"问题（环节）	"卡脖子"属性			"卡脖子"程度			控制方
		原材料	产品技术	装备	国内空白	危险	很危险	极度危险	
风能	风电叶片翼型设计及气动、气弹特性设计分析技术		√			√			欧美企业
	大型风电机组主轴轴承设计、制造技术		√				√		欧美企业
	风电 IGCT 变流器组件		√			√			欧美企业

（六）太阳能光伏

高新太阳电池生产专用设备和部分光伏配套材料是太阳能光伏领域的短板。高新太阳电池生产专用设备、新能源发电成套设备或关键设备等的开发往往需要结合电池的理论基础及应用基础研究，而从事高新太阳电池基础研发的科研院所

的装备研制能力相对薄弱，有必要加大政府投入，通过科技项目等引导产学研合作，攻克相关高端装备制造及成套关键技术研发的难题。

薄膜电池导电玻璃、太阳能集光镜玻璃、光伏建筑用导电玻璃等依赖进口，高透光伏镀膜玻璃及高强度超薄钢化光伏玻璃等与国外技术相比还有差距。随着光伏器件效率的进一步提升，部分光伏配套材料如正面银浆、贱金属浆料、高纯原料气体（如锗烷、硅烷、磷烷）、高质量乙烯-醋酸乙烯酯（ethylene vinyl acetate copolymer，EVA）胶膜封装材料和氟基背板材料等由国外技术或专利垄断，亟须在相关领域取得突破。

太阳能光伏领域"卡脖子"问题见表2.6。

表2.6 太阳能光伏领域"卡脖子"问题列表

重点领域	"卡脖子"问题（环节）	"卡脖子"属性				"卡脖子"程度			控制方
		原材料	产品技术	装备	国内空白	危险	很危险	极度危险	
太阳能光伏	高新太阳电池生产专用设备			√			√		美国、德国企业
	正面银浆	√					√		美国杜邦（DuPont）、德国贺利氏（Heraeus）
	高透抗反射（anti-reflection，AR）光伏玻璃用镀膜溶液	√					√		荷兰帝斯曼（Dutch State Mines，DSM）、美国明尼苏达矿业制造（Minnesota Mining and Manufacturing，3M）
	高透导电氧化物（transparent conductive oxides，TCO）薄膜玻璃		√				√		日本旭硝子和板硝子、美国金融集团（American Finanical Group，AFG）

（七）太阳能光热

电站的可靠性和长期运行经验是我国太阳能光热企业参与全球竞争的"卡脖子"问题。

太阳能热发电属于资金密集型和技术密集型行业，因此对于投标企业，无论是总包商还是部件供货商，都需要具备良好的大规模商业电站长期运行的数据。我国企业进入太阳能热发电行业较晚，电站的设计发电量与实际发电量缺乏长期验证，缺乏电站长期运行维护经验，这是制约我国在太阳能热发电行业全球竞争力的关键因素。此外，相关材料、部件和装备没有经过长期的实践检验，也使得我国产品质量存在不确定性因素。随着我国首批示范项目的实施和已中标多个国际项目的推进，这一因素逐步得到缓解。太阳能光热领域"卡脖子"问题见表2.7。

表 2.7　太阳能光热领域"卡脖子"问题列表

重点领域	"卡脖子"问题（环节）	"卡脖子"属性				"卡脖子"程度			控制方
		原材料	产品技术	装备	国内空白	危险	很危险	极度危险	
太阳能光热	电站设计与仿真软件		√			√			欧美企业（我国已经存在相应的软件，但是软件精度和适应性有待提高）
	超白玻璃原片	√				√			日本旭硝子（我国生产的原片透射率比日本低1%～2%）
	槽式真空管			√		√			德国企业（我国产品缺乏长期运行数据）
	熔盐吸热器表面涂层	√					√		美国企业（我国产品性能不足）

（八）生物质能

生物质能产业的短板体现在生物质混燃发电、高效低成本纤维素酶的制备和高效稳定的规模化生物天然气生产装备方面，见表 2.8。

表 2.8　生物质能领域"卡脖子"问题列表

重点领域	"卡脖子"问题（环节）	"卡脖子"属性				"卡脖子"程度			控制方
		原材料	产品技术	装备	国内空白	危险	很危险	极度危险	
生物质能	生物质混燃发电		√			√			欧美企业
	纤维素燃料乙醇	√				√			丹麦诺维信（Novozymes）、美国杰能科（Genencor）
	生物天然气			√		√			欧美企业

生物质混燃发电是我国生物质发电行业的短板。生物质混燃发电作为欧洲、美国用于实现煤减量和降低碳排放的一种手段，已在欧洲、美国发展非常成熟，设计混燃比例高达 50%。我国生物质混燃发电未被广泛推广，生物质与煤混燃特性、污染物排放特性、燃烧锅炉的性能指标、燃烧量的在线监测等工程技术参数较少，生物质混燃发电技术的产业化应用水平滞后于欧洲、美国。

高效低成本纤维素酶的制备是我国纤维素燃料乙醇行业的短板。纤维素燃料乙醇生产过程包括预处理、酶水解、发酵和蒸馏四个主要步骤。预处理和酶水解是影响纤维素燃料乙醇生产成本的关键环节。全球对预处理技术的研发与应用水平相当，比较容易通过对现有技术的改进升级而获得具有自主知识产权的预处理技术。酶水解用到的纤维素酶产自微生物，获得高效产酶微生物就掌握了纤维素燃料乙醇行业的命脉。丹麦诺维信公司是高效纤维素酶研发的领头羊，其次是美国杰能科公司，大多数企业的纤维素酶由二者提供。我国生产的纤维素酶活性较低、成本较高，很难满足纤维素燃料乙醇行业的要求。在纤维素燃料乙醇产业化推进过程中，高效低成本纤维素酶供应很可能成为我国纤维素燃料乙醇行业的"卡脖子"问题。

高效稳定的规模化生产装备是我国生物天然气行业的短板。2019年我国生物天然气产量与"十三五"规划目标相去甚远，除了后端配套设施和政策扶持未到位，缺乏高效稳定的规模化生产设备也是主要原因。我国现有的规模化生物天然气工艺技术与欧洲、美国相比，气体制取效率低，净化输配技术落后，工程装备整体效率低、运行稳定性较差，较难实现盈利。生物天然气产业成熟度不及欧洲、美国。

（九）地热能

深部高温地热钻探是当前地热能开发的短板，钻完井和压裂改造技术是"卡脖子"技术，详见表2.9。

表 2.9 地热能领域"卡脖子"问题列表

重点领域	"卡脖子"问题（环节）	"卡脖子"属性				"卡脖子"程度			控制方
		原材料	产品技术	装备	国内空白	危险	很危险	极度危险	
地热能	耐高温钻具和井下测量芯片组件		√			√			美国企业

国内深部高温地热资源开发利用起步较晚，耐高温钻具、井下测量工具等部件和耐高温固井水泥材料尚待研发，高温硬岩环境的压裂改造技术需要突破。国内生产钻井装备的厂家有宝鸡石油机械有限责任公司、兰州兰石集团有限公司、中石化石油工程机械有限公司第四机械厂、四川宏华石油设备有限公司等，耐高温钻具组合核心部件依赖进口［如耐高温钻井导向系统和石油工业随钻测井（logging while drilling，LWD）技术］。国内设备耐温耐压性无法满足高温地热勘查开发需求，测井设备难以突破175℃，超过175℃的钻井环境中一般使用涡轮钻具或者高温马达等简单的钻具"盲打"，监测设备难以突破100℃。国外设备技术参数相对更好，LWD仪器可耐200℃高温，如哈里伯顿公司的 Quasar Trio 系列和斯伦贝谢公司的 TeleScope ICE，我国 LWD 仪器几乎全部依赖进口，并且涉及"技

术保密"封锁,只能购入具有基本参数测量功能的产品,国外垄断核心设备,只提供高昂的技术服务(如斯伦贝谢公司)。烟台杰瑞石油服务集团股份有限公司自主研发的 Apollo 4500 压裂车是目前世界上单机功率最大的压裂车,搭载 5600 马力(1 马力=745.7 瓦)的涡轮发动机和 5000 马力的压裂泵。

高温条件下电子元件的化学反应加速(材料老化)会导致失效,在钻具组合时,所有市场上已有旋转导向系统的操作温度窗口都会被其印制电路板的塑料部件所限制。在井下温度达到 180℃时,容易导致井下故障的发生。研发耐高温的多芯片组件,才能为高温和超高温的井下环境提供精确的方向控制能力。

（十）氢能与燃料电池

当前,我国氢气产量居世界第一,但 70%的制氢原料为煤炭和天然气,"绿氢"占比较低,碳捕集与封存(carbon capture and storage,CCS)技术尚处于探索和示范阶段,需要通过进一步开发技术来推动能耗和成本的下降,并拓宽二氧化碳的利用渠道。同时,我国弃风、弃光、弃水问题较为突出的现状为电解水制氢提供了广阔的前景,但电费占整个电解水制氢生产费用的 80%左右,这制约了电解水制氢的发展。

目前我国储运以高压气态运输短期长管拖车为主,但其加压与运力仍待提高;液态氢运输在国外技术成熟地区广泛运用,我国目前投入应用较少,仍处于研发阶段。氢气管道直径和设计压力较低,相关标准体系不完善,仍没有适用于氢气长输管道的设计标准,应重点加强长距离氢气管道输送技术的标准化工作。

加氢的基础设施是燃料电池车应用的重要保障,也是氢能发展利用的关键环节。截至 2020 年底,已建成的 124 座加氢站中,105 座有明确的加氢能力,其中,加氢能力为 500 千克/天(12 小时)的加氢站共 50 座,占比为 48%,加氢能力超过 1000 千克/天(12 小时)的加氢站仅 7 座,占比为 7%,大型加氢站仍然匮乏。同时,加氢设备亟须国产化,由目前核心设备依赖进口走向自主研发和量产化,以有力推动氢能使用的成本下降及技术普及。

在氢燃料电池方面,我国核心技术和关键材料尚未实现国产化,大部分催化剂、PEM 及碳纸等材料需要进口,且多数材料由国外垄断,价格较高;关键组件制备工艺急需提升,膜电极、双极板、空气压缩机、氢循环泵等与国外存在较大差距。系统成本中最核心的燃料电池电堆和空气压缩机是降低燃料电池系统综合成本的关键,目前其国产化仍然存在短板。在燃料电池车方面,我国燃料电池系统的研发和性能已满足使用需求,但成本与目标依然有很大差距,这制约着燃料电池车的商业化进程。

氢能与燃料电池领域"卡脖子"问题见表 2.10。

表 2.10　氢能与燃料电池领域"卡脖子"问题列表

重点领域	"卡脖子"问题（环节）	"卡脖子"属性				"卡脖子"程度			控制方
		原材料	产品技术	装备	国内空白	危险	很危险	极度危险	
氢能与燃料电池	电堆中的催化剂、PEM、碳纸，加氢设备中的氢气压缩机、加氢枪、高压阀件、碳纤维等关键材料和零部件等	√	√	√			√		庄信万丰（Johnson Matthey）、戈尔（W. L. Gore & Associates）、林德集团（Linde）等
	氢气杂质检查装备（制造与研发）			√	√				美国企业

燃料电池技术与国外顶尖水平有一定差距，催化剂、隔膜、空气压缩机等燃料电池关键零部件依赖进口，关键零部件批量化技术缺乏，主要表现如下。

（1）高效、低成本的关键技术是我国氢能储运发展的短板。目前，我国氢气主要以压缩气态或低温液态储运。压缩氢气的高压和液氢的低温、易气化等特点都限制了氢气的储运规模和储存时间，使氢能储运成本较高，降低了氢能的竞争力。日本、美国、欧洲的氢储运技术水平较高，气氢储运压力达 70 兆帕，并且可以实现长距离液氢储运；中国气氢储运压力大部分停留在 35 兆帕水平。储氢环节关键技术依赖进口，车载储氢罐和碳纤维是瓶颈，设备国产化率低。

（2）关键材料与部件的批量化生产技术是燃料电池行业的短板。近年来，我国氢能燃料电池技术整体上取得了长足的发展，但关键材料、核心部件的批量生产技术尚未形成，催化剂、隔膜、碳纸、空气压缩机、氢循环泵等仍主要由印度、日本等国家进口，这严重制约了我国氢能燃料电池产业的自主可控发展。我国在高活性催化剂、高强度高质子电导率复合膜、碳纸、低铂电极、高功率密度双极板等方面的技术水平目前已经达到甚至超过了国外的商业化产品，但多停留于实验室和样品阶段，还没有实现大批量生产。

（3）安全、低成本是我国加氢站建设的短板。我国加氢站建设成本高，投资回收期长，同时加氢站等基础设施不完善，原材料和关键零部件严重依赖进口，还面临国外公司的专利保护问题，在加氢站建设过程中的氢气压缩机、加氢站不锈钢材料、加氢站温度，以及氢气运输方面存在一定争议。在加氢站的建设过程中，规划、立项、审批、运营监管均会遇见难题，相关方面的制度不健全。发达国家对氢安全的研究非常重视，但在 2019 年挪威仍发生了加氢站氢泄漏爆炸事故，美国、韩国等也发生过加氢站或制氢厂的氢泄漏爆炸事故。我国在氢安全基础研究上投入还较少，第三方检测认证和运营监管体系也不健全。目前我国加氢站相关的标准法规已经有了一定基础，能够满足氢能产业初期发展的需求，未来需要进一步加强氢安全基础研究，不断完善标准体系，保障加氢站的安全发展。

第三章 "十四五"能源新技术战略性新兴产业发展思路与目标、重点任务及工程科技攻关项目

碳达峰、碳中和（简称"双碳"）目标下，能源新技术战略性新兴产业发展迎来重要机遇期，到"十四五"末，预计新能源在全社会用电量增量中的比例将达到2/3左右，在一次能源消费增量中的比例将超过50%，可再生能源将从原来能源电力消费的增量补充变为能源电力消费增量的主体。进一步发挥市场在可再生能源资源配置中的决定性作用，风电、光伏发电将进入平价阶段，摆脱对财政补贴的依赖，实现市场化发展、竞争化发展。通过加快构建以新能源为主体的新型电力系统提升新能源消纳和存储能力，既实现可再生能源大规模开发，也实现高水平的消纳利用，更加有力地保障电力可靠稳定供应，实现高质量跃升发展。

第一节 发 展 思 路

（一）加大煤炭清洁高效利用技术创新，推动煤炭由主体能源向基础能源转变

坚持科技创新是引领煤炭清洁高效利用发展的第一动力，以深入实施创新驱动发展战略、支撑供给侧结构性改革为主线，以清洁低碳、安全高效发展为重点，转变煤炭发展方式，严格控制煤炭消费总量，以产业升级示范为主线，提升煤炭转化效率和效益，强化生态环境保护，着力推进先进燃煤高效发电、CCUS 技术创新与进步，切实提高煤炭产业核心竞争力，整体达到世界领先水平，支撑产业实现绿色可持续发展，支撑"双碳"目标实现，为建设社会主义现代化强国提供安全可靠的能源保障。

（二）加快发展页岩气，积极推进煤层气，攻关突破页岩油，积极探索天然气水合物

以四川盆地志留系为重点，在川渝地区形成页岩气规模商业开发阵地；以四

川盆地二叠系、侏罗系、中扬子宜昌地区为重点，实现新层系、新地区页岩气商业化突破，形成新的页岩气产业阵地，进一步落实我国其他地区页岩，形成页岩气远景目标。持续推进沁水盆地南部、鄂尔多斯盆地东缘两个煤层气产业化基地建设，实现已有产区稳产增产，新建产区增加储量、扩大产能，配套完善基础设施，实现产量快速增长。加快贵州织金—安顺构造煤、鄂尔多斯盆地低阶煤等新区、新层系开发试验，形成新的煤层气产业化基地。突破中高成熟度页岩油，积极探索中低成熟度页岩油。以准噶尔、鄂尔多斯、渤海湾、松辽、四川盆地中高成熟度页岩油为重点，建成陆相页岩油产能示范区，实现页岩油商业开发；以江汉、苏北、南阳盆地为重点，实现陆相页岩油突破，积极开展中低成熟度页岩油基础研究与先导试验，形成陆相页岩油中长期接替资源。积极开展天然气水合物资源勘查，落实规模资源，持续开展天然气水合物开采试验，力争取得新突破。

（三）提升自主创新能力，加快发展以新能源为主体的新型电力系统

加快清洁能源开发，坚持集中式和分布式并举，水风光多种类型协同，加快开发西部北部大型清洁能源基地，因地制宜发展分布式发电和海上风电。

加快构建以特高压为骨干网架、各级电网协调发展的坚强智能电网，推动大数据、云计算、物联网、移动互联、人工智能等现代信息通信技术与电力系统深度融合，更好地满足清洁能源开发和电能替代需要，全面提高电网安全水平、配置能力和运行效率，促进清洁能源大规模开发、大范围配置和高效利用，更好地支撑"十四五"时期经济社会发展。

推进工业、交通、农业、生活等领域电能替代，大幅提高电气化水平，形成以电为中心的能源消费格局。加快储能技术推广应用，把储能融入电力系统发电、输电、用电各环节，加强统筹规划和科学布局，提升系统灵活性和调节能力，保障电力可靠供应。

提升自主创新能力，统筹制定科技创新发展战略，依托重大能源电力项目，加快推动关键共性技术、前沿引领技术、重大工程技术创新。在"卡脖子"问题上下功夫，加快自主研发相关技术和装备，实现关键核心技术自主可控。

（四）助力实现"双碳"目标，通过完善核科技体系、产业链创新和发展布局，在确保安全的前提下积极有序发展核电

到2025年，我国在运核电装机容量达到7000万千瓦，在建核电装机容量达到3000万千瓦；到2035年，我国核电发电量占比和消费占比分别提升到10%和5%左

右，在运核电装机容量达到 1.5 亿千瓦，在建核电装机容量达到 5000 万千瓦，年发电量超过 1 万亿千瓦·时。

从中长期来看，中国核电建设仍以三代压水堆为主，技术路线主要考虑自主品牌"华龙一号""国和一号"三代核电技术。到 2025 年，通过建成核电科技创新示范工程，核电科技协同创新体系更加完备，基础研发能力全面提升，重大科研基础设施实现共享，核能多功能、综合性应用走在世界前列。

着眼于聚变和四代核能系统孕育创新和突破，加快研发超高温气冷堆技术，围绕氢气透平、核能制氢等应用方向，保持国际领先地位；稳妥推进先进钠冷快堆科技和工程，开展铅冷快堆、钍基熔盐堆、加速器驱动核能系统等研发攻关，支持可控核聚变研发和原型堆建造。

整合产业链能力，实现产业链创新。依托骨干企业和重点科研院所，建设核电技术研发创新平台，形成国家平台引领原始创新、跨企业/跨院所研发中心推动集成创新、企业科研机构突破应用创新的系统布局；全面实现关键设备、部件和先进材料的自主研发、设计和生产，培育拥有自主知识产权、世界影响力的成套供应商，打造智能化、数字化新型核电装备制造产业体系。

在沿海地区打造具有产业规模的核电基地，发挥核电清洁低碳优势，促进能源结构调整和低碳转型，助力京津冀协同发展、长江经济带发展、粤港澳大湾区建设等重大区域发展战略；通过充分沟通，因地制宜，开展内陆核电示范建设；推动海岛核电、浮动核动力平台、北方地区清洁供暖、工业制氢等综合利用项目。

（五）风电产业以快速稳定发展为目标，统筹优化风电增量和存量资源配置，增加风电在能源消费中的比例，实现风电向替代能源的快速转变

坚持清洁低碳、安全高效的发展方针，顺应全球能源转型大趋势，不断完善促进风电产业发展的政策措施，建立适应风电规模化发展和高效利用的体制机制，围绕解决风电发展不平衡不充分问题，深化风电供给侧结构性改革，优化风电存量资源配置，加强对风电全额保障性收购监管，着力解决风电消纳难题，提高风电发展的质量和效益，积极推动技术进步，不断提高风电的经济性，持续增加风电在能源消费中的比例，实现风电从补充能源向替代能源转变，减弱风电生产消费对生态环境的影响，适应生态文明建设的新要求，全面推进新时代风电高质量发展。

到 2025 年底，中国风电累计装机容量达到 3.5 亿千瓦，其中，海上风电累计装机容量为 2300 万千瓦，风电年发电量为 7450 亿千瓦·时，约占全国总发电量的 8%，全国平均弃风率控制在 5% 以内。陆/海上风电全面实现平价、竞价上网。

风电设备研发能力和制造水平进一步提高，风电机组整机及核心部件全部实现国产化，风能转化效率、机组可靠性等技术指标显著提升。

（六）明确顶层设计目标，通过法律约束和制度安排，实现太阳能光伏发电产业高质量快速发展

中国的能源供给正在经历结构性转型。《能源发展"十三五"规划》首次将煤炭在能源消费中的占比作为一个约束性目标。中国的煤耗占比从近20年来的最高位（2007年的72.5%）下降到2019年的57.7%。2020年4月10日，国家能源局发布的《中华人民共和国能源法（征求意见稿）》中也重点强调了能源安全问题，并提出建立能源安全储备制度。一系列政策信号表明保障能源供应安全将是未来一段时期内国家至关重要的能源战略考量因素。在逆全球化趋势加速的背景下，各国更加重视能源供应安全。这为中国政府扩大并完善可再生能源供给系统提供了良好的政治条件。能源法的颁布实施是推进"四个革命、一个合作"能源安全新战略、促进能源高质量发展、推进能源治理体系和治理能力现代化的迫切需要。我国能源发展改革的方向目标、顶层设计亟须在法律中明确，以保障能源发展方向和基本制度的稳定性。"十四五"期间，以太阳能、风能为代表的可再生能源的市场份额提升，亟待通过法律约束和制度安排，明确市场主体法律地位，建立统一的市场规则、规范公平的竞争秩序、明晰的法律关系，实现以安全高效、绿色智能、开发共享为特征的能源高质量发展。

到2025年，光伏发电累计装机容量达到650吉瓦，光伏发电量达到810太瓦·时。未来太阳能光伏在可再生能源发电装机容量、电力总装机容量和发电量中的占比将快速增长，2035年，光伏发电累计装机容量将达到1486吉瓦，光伏发电量将达到1836太瓦·时。

（七）通过技术进步提高光电转换效率、降低成本电价始终是太阳能热发电的技术发展思路，大力发展配有大容量储热系统的光热系统契合我国当前的产业发展思路

第四代太阳能热发电的吸热、传热和储热介质的工作温度在800℃以上，采用超临界二氧化碳动力循环，是美国能源部认为唯一可将太阳能热发电电价降低到6美分/（千瓦·时）的技术。目前欧盟、美国、韩国、澳大利亚、日本等都开展了该方面的部署。我国科技部也部署了相关基础研究项目。"十四五"期间针对这一技术展开深入研究和探索，是太阳能热发电的主要技术发展思路。基于熔盐点聚光和线聚光的太阳能热发电技术具有易于实现大储热容量、高参数的特

点，仍然是商业化电站的主流技术，尤其是其具有大储热容量，不仅可以为光热电站储能，而且可以作为能源互联网的储能节点发挥重要作用。

（八）生物质能以废弃物消纳和多产品联产为导向，趋于非电领域应用

生物质能产业发展应立足于资源分布、资源物化特性和地方能源结构进行合理布局，以废弃物消纳和多产品联产为导向，以分布式开发利用为主要方式，进一步扩大已产业化生物质能的市场规模，加大示范工程产业化技术攻关研发力度，实现示范工程的产业化，加快生物质能非电领域应用步伐，完善产业支撑体系，加强政策引导和支持力度，推进生物质能向规模化、专业化、产业化和多元化发展。

（九）地热能开发以深地探测、绿色发展为指导，以探明地热、攻坚技术、开拓新能源为目标，开展深部热结构研究和地热资源探测

以防治大气污染、打赢蓝天保卫战为导向，依靠科技进步，提高地热能开发利用水平，积极培育地热能市场，按照技术先进、环境友好、经济可行的总体要求，全面促进地热能高效利用，实现人民对清洁用能和美好生活的向往。地热资源开发应遵循积极稳妥、因地制宜、合理开发、综合利用的方针，坚持清洁高效、持续利用、政策带动、技术驱动、市场推动、有序发展等原则。

（十）氢能与燃料电池产业进一步明确其发展定位，实现科学合理的融合发展与产业布局

充分认识氢能产业发展对构建中国清洁低碳、安全高效现代能源体系的重要性和迫切性，将其确立为国家重点支持的战略方向，同时氢能产业链较长，横跨能源、交通、工业领域，需在政策体系、技术装备和行业标准方面集中发力，协同推进。首先，充分借鉴纯电动汽车发展经验，推广以应用为导向，通过系统集成提升，尽快形成可靠的终端产品，逐次解决材料和部件全部自主化。其次，自主研发以企业为主导、以资本为纽带，集中国内优势单位，依托现有的产业平台实现上下游协同研发。尽快开展可再生能源制氢、液氢及天然气管网掺氢等技术可行性和标准研究，提前筹划构建有效氢源保障体系。最后，燃料电池发展以交通领域为先导，先商用车后乘用车，加紧大功率燃料电池在有轨电车、船舶方面的应用，协同推动氢能在储能、工业、建筑等领域的发展。加氢站以安全可

持续为前提,在市场发展初期示范车辆不足的情况下,可建设加油加气加氢综合能源站。

第二节 发 展 目 标

(一)煤炭清洁高效转化与利用

建成煤炭清洁高效利用技术体系,加强基础理论研究,突破关键核心技术,开展工业验证,推动煤炭由主体能源向基础能源战略转变。燃煤发电机组具备自适应和自调节能力,能够适配新型电力系统,支撑大规模消纳可再生能源,利用高灵活燃煤发电机组实现深度调峰和快速调峰。实现新型循环发电和超高参数超超临界发电关键技术突破,具备实现机组净效率大于 50%的技术基础,大幅降低污染物控制成本,消除二次污染。发展新型碳捕集材料,持续降低碳捕集能耗,完善二氧化碳地质利用成套技术,提升碳封存经济安全性,创新二氧化碳化工利用和生物利用途径,掌握低能耗的百万吨级 CCUS 全流程成套工艺和关键技术。

(二)非常规油气开发利用

"十四五"期间,非常规油气开发利用将快速推进,并将逐步成为我国石油、天然气增长重要动力。页岩气产量将持续快速增长。预计 2025 年页岩气产量达到 300 亿～500 亿米^3,3500～4500 米深层页岩气和压力系数为 1.0～1.2 的常压页岩气开发技术日趋成熟。四川盆地及其周缘地区的五峰—龙马溪组依然是页岩气产量快速增长的主力,二叠系等新层系将成为增储上产的新领域。与此同时,页岩气开发地区由四川盆地向湖北宜昌、恩施等新区不断拓展。

煤层气产量将稳步增长。预计 2025 年地面煤层气产量达到 100 亿～120 亿米^3,"十四五"期间将全面建成沁水盆地南部和鄂尔多斯盆地东缘两大国家煤层气产业化基地,并在深层煤层气开发方面取得突破。在准噶尔盆地东南缘、吐哈盆地三塘湖、云贵川渝地区等煤层气取得新突破。

在中高成熟度页岩油领域,重点突破甜点预测技术、水平井分段压裂技术。预计 2025 年全国页岩油产量达 500 万～800 万吨,在准噶尔盆地芦草沟组、鄂尔多斯盆地长 7 段、渤海湾盆地孔店—沙河街组、松辽盆地白垩系、三塘湖盆地二叠系、四川盆地侏罗系、苏北盆地阜宁组实现商业开发。在中低成熟度页岩油领域,原位改质和转化重大技术先导试验取得重大突破。

（三）能源互联网与先进输电

"十四五"期间，发挥清洁能源、特高压、智能电网方面的优势，重点发展清洁能源发电技术、储能新技术、先进输电技术及用能技术等。在清洁能源发电技术方面，推动大容量、高效率、低成本的清洁能源技术开发，突破清洁能源功率预测、虚拟同步机、源网荷协调等技术；在储能和先进输电技术方面，推动超远距离特高压、特高压柔性直流、长距离大容量海底电缆技术发展和装备研发，研发大容量、长寿命、低成本的新型储能材料，探索超导输电、无线输电等前瞻性技术研究；在用能技术方面，突破大功率动力电池、快速充电、无线充电等电动汽车技术瓶颈，加大人工智能、云计算、大数据、物联网、区块链等信息技术的利用，实现能源数据的全息感知、高效共享和价值挖掘。

（四）核能

1. 通过内陆自主核电示范工程，完善产业空间布局

充分利用我国已具备的在内陆地区发展核电的技术储备和运行管理经验，通过内陆开展的核电示范工程建设，推动行业布局和未来发展。例如，鼓励华中地区拟建厂址所在地政府和公众积极支持本地区的核电发展，建设属于三代核电后续的批量化项目，以有效支撑长江经济带重大区域发展战略的实施。

2. 完善压水堆核电技术和产业链，推广我国自主核电品牌

通过示范工程建设和安全高效运营，逐步实现压水堆安全性和经济性的突破。"十四五"期间，重点提升高端核能装备自主化研制能力，培育高端核能装备产业集群，打造具有国际竞争力的核电供应链体系。

3. 匹配快堆、后处理和压水堆发展，实现我国闭式燃料循环的格局

为解决制约我国核电发展的铀资源利用最优化和放射性废物最小化两大问题，基于快堆的闭式燃料循环系统是实现核能可持续发展的重要选择，是实现核能发展三步走战略的第二步的重要环节。建议统筹考虑压水堆和快堆及乏燃料后处理工程的匹配发展，"十四五"期间，完成部署的快堆及后处理工程的科研和示范工程建设，探索和建立适应我国国情的闭式燃料循环产业管理模式，以带动相关产业链发展。

4. 创新型小型模块化反应堆及其他先进技术前景与挑战

在能源转型的背景下,市场的需求又让大家开始重新关注小型模块化反应堆。在低碳经济时代,小型模块化反应堆可以进一步提高灵活性和安全性,可成为清洁稳定的分布式能源。这种堆型的重要价值在于使用非能动安全概念,满足日益苛刻的安全要求,且简化设计;提升工厂内模块化建造能力,降低总成本、缩短现场工期;借鉴"即插即用"概念,发电站完全在工厂内建造,然后运到现场接入电网。通过高性能燃料和事故容错燃料、数字化技术、新材料的应用,提升安全水平、简化系统,从而增强所有轻水反应堆的竞争力。

(五)风能

1. 优化产业空间布局,加快发展陆上分散式风电

在国家及各地方政府政策带动下,中国分散式风电发展取得显著进步,一批代表性项目顺利完成并产生了良好的示范作用,但分散式风电在审批流程、电网接入、技术标准等方面仍存在亟须破解的难题。为加快发展中国陆上分散式风电,还需要滚动修编风电发展规划、简化风电项目核准支持性文件、制定简化审批手续流程的实施细则、因地制宜出台分散式风电项目电网接入方案、优化并网申请流程、完善分散式风电技术标准体系和检测认证等。

2. 促进能源结构转型,积极有序推进海上风电建设

沿海地区能源消耗巨大,但能源供应仍以化石能源为主,减排压力大,能源结构亟须调整。依靠丰富的海洋风能资源,积极有序推进海上风电建设,可以有效推进沿海地区能源供给侧结构性改革,有利于确保地区能源供给安全,促进地区经济发展和技术进步,且发展海上风电与海洋强国战略高度契合。目前中国海上风电处于规模化发展前夕,完善合理的海上风电产业发展规划、稳定持续的风电开发政策环境、政府各部门间的协调运行机制、完善的海上风电标准检测认证体系等是确保海上风电产业健康发展的重要支撑条件。

3. 加强就地就近利用,落实解决消纳难题

强化风电投资监测预警机制,弃风问题严重的省区重点解决存量风电项目的消纳问题,将风电消纳利用水平作为风电开发建设管理的基本依据。重点加强风电项目集中地区的配套电网建设,对重要送出断面、风电汇集站、枢纽变电站等进行补强和增容扩建,加强配电网和主网架结构,加快推动配套外送风电的跨省跨区特高压输电通道建设,优化电力调度运行管理,提高现有特高压输电通道利

用率，通过市场化方式提高风电外送电量，促进风电跨省跨区消纳。优化电网接入程序，因地制宜推动风电项目就近就地消纳利用。

4. 加强基础共性技术研究，形成产业发展的完整研发制造体系

加强陆上和海上典型风资源特性与风能吸收方法和资源评估等基础研究，开展大型风电关键设备、深远海大型风电系统、基于大数据和云计算的风电场集群运控并网系统、废弃风电设备无害化处理与循环利用等共性关键技术攻关与试验示范，加快全国风资源公共服务平台、超大型风电机组传动链全尺寸地面试验系统平台、大型海上风电机组多场耦合性能测试验证系统平台、超长风电叶片全尺度测试系统平台等公共技术平台建设，加强对国际先进技术的引进、消化、吸收，全面提升风电机组性能和智能化水平，实现主控系统、发电机、变流器、齿轮箱等关键核心部件国产化。

（六）太阳能光伏

"十四五"期间，太阳能光伏发电的年产值将超1万亿元。2025年，光伏发电累计装机容量将达到650吉瓦，光伏发电量将达到810太瓦·时。太阳能光伏组件成本将降到1.7元/瓦，系统成本将降到3.5元/瓦，度电成本将下降到0.3~0.4元/（千瓦·时）。实现年产25兆瓦、产线平均效率为22%的晶硅电池和产线平均效率为18%的薄膜电池成套技术研发，实现年产1兆瓦、产线平均效率为20%的钙钛矿太阳电池成套技术研发。

（七）太阳能光热

"十四五"期间，研发超临界二氧化碳塔式热发电技术，积极发展太阳能跨季节储热采暖技术，大力推进配置大容量储热系统的熔盐太阳能热发电站项目建设。

超临界二氧化碳热发电站是全球的研究热点，也是未来十年内降低成本电价的重要技术路径。在"十三五"期间已布置科技项目的基础上，"十四五"期间将建设一座或多座示范电站或系统。验证工作温度大于600℃的高温熔盐吸热器、颗粒吸热器和气体吸热器，开发高温熔盐泵、高温颗粒阀门、高温颗粒传输装置，开发100兆瓦级熔盐与二氧化碳高温换热器、颗粒与二氧化碳换热器，开发高聚光比、低成本定日镜场，通过示范电站的建设与运行，积累设计经验与运维经验，验证材料、部件和系统的可靠性。

我国北方地区和青藏高原具有良好的太阳能资源与土地资源，而冬季清洁采暖需求强烈。跨季节储热技术解决了夏季热能"无处去"的问题，可以大幅度降低采暖成本，使得太阳能采暖在合适的地区在成本方面具备了能够与电采暖和燃气采暖进行竞争的能力。因此，进一步发展太阳能跨季节采暖技术、大型水体储热技术和适合采暖的低成本太阳能集热技术是"十四五"期间太阳能热利用的发展方向。

通过开展首批示范项目，我国已经具备了建设和运行配置大储热容量系统的熔盐电站的能力，部分电站已经参与了电网系统的调峰，并根据电网要求进行调度。随着我国西部地区可再生能源发电装机比例的持续提高，电网对电源侧的稳定出力、电源根据电网需求的灵活出力，以及电网本身的健壮性都有更高的要求。西班牙太阳能热发电生产的电力在夏季达到西班牙总发电量的 3% 以上，电站出力曲线与电网需求曲线完美匹配。因此，"十四五"期间，我国应大力推进太阳能热发电站的建设，这些配有大容量储热系统的电站既可以作为发电的电源，也可以作为消纳波动电力的用户，在能源网络中起到稳定的节点作用。我国西部地区规划的可再生能源基地中包含一定容量的太阳能热发电站，对保证特高压电力外送通道的安全也会发挥重要作用。

（八）生物质能

原料高效收集模式发展成熟，建成生物质与煤混燃数据库，生物质热电联产和生物质与煤联合气化混燃发电实现商业化运营，生物质气化多产品联产技术单机产能达到 10 兆瓦以上，垃圾焚烧发电实现清洁运行并在生物发电中占据主导地位，生物质发电成本逼近煤电成本，生物质发电商业化运行模式成熟。生物天然气年利用量达到 100 亿米^3。沼气多原料厌氧发酵技术、干发酵技术实现示范应用，沼肥实现产业化应用，生物天然气实现商业化应用，研发出生物天然气高效液化技术，建立沼气多产品开发及运营模式。生物液体燃料年利用量达 1000 万吨，其中，燃料乙醇年利用量为 650 万吨，生物柴油年利用量为 350 万吨。纤维素燃料乙醇低成本酶生产技术获得突破，实现产业化，生物柴油实现商业化规模生产，形成了成熟的商业化运营模式，生物质气化合成液体燃料、生物质水相催化合成液体燃料和生物质热解油工程示范规模达到万吨级。生物质成型燃料年利用量达 4000 万吨，生物质成型燃料设备能耗低于 50（千瓦·时）/吨，成型模具工作寿命大于 800 小时，工业生物质成型燃料锅炉完成升级改造，生物质成型燃料供热成本逼近燃煤供热成本，生物质成型燃料商业化运行模式成熟。

（九）地热能

地热能产业重点研发干热岩勘查开发、高温钻井、热储改造关键核心技术，形成较完备的地热行业标准体系和地热能开发利用装备制造产业体系。"十四五"

期间，开展干热岩型地热资源试采工作，建设干热岩示范项目。通过示范项目的建设，突破干热岩资源潜力评价与钻探靶区优选、干热岩开发钻井，以及干热岩储层压裂、热储建造和高效取热等关键技术，突破干热岩开发与利用的技术瓶颈，建立兆瓦级干热岩发电站。

(十) 氢能与燃料电池

"十四五"期间，基本建立因地制宜的政策制度与布局方案，氢能的生产及消费量、燃料电池产量形成一定规模，进一步提升产业的商业化潜力，运输、分布式发电等领域与典型用能场景基本具备市场应用的竞争力。紧盯国际前沿，加强技术创新，提高隔膜、膜电极等关键部件的规模化和国产化水平，完善燃料电池组堆技术，进一步降低燃料电池成本，提高燃料电池寿命，加快燃料电池技术的集成应用，形成完备的电池关键材料及部件—电堆—集成系统的研发产业链；基于我国现有国情，开展燃料电池技术在交通运输、分布式发电、电解制氢等领域的应用，实现全国产、高性能 PEMFC 发动机的开发，在物流车、重型卡车、环卫车、港口进行应用，建立兆瓦级 PEMFC 发电系统和电解水系统，推动百千瓦级 SOFC、熔融碳酸盐燃料电池（molten carbonate fuel cell，MCFC）分布式发电系统和 IGFC 系统的商业化应用示范。

第三节 重点任务

(一) 煤炭清洁高效转化与利用

1. 先进燃煤发电

完成 650℃ 等级 600 兆瓦超超临界蒸汽发电机组示范；完成 600℃ 等级 50 兆瓦超临界二氧化碳发电技术研发及工业验证；实现 5 兆瓦等级 IGFC 系统示范运行；完成煤炭燃烧氮氧化物深度还原技术研发及工业验证；完成低成本脱硫废水零排放技术研发；完成光煤互补燃煤发电的关键技术研发和方案设计；完成燃煤耦合生物质发电技术研发及工业验证；完成 600 兆瓦等级高灵活性燃煤发电技术示范；完成智能控制应用关键技术开发，实现在役机组的局部智能化，完成虚拟发电厂技术开发。

2. CCUS

建成百万吨级燃烧后碳捕集、驱油与封存示范工程；形成吸附/膜分离法碳捕集优化工艺并完成工业验证；形成二氧化碳驱煤层气与封存关键技术；形成完善的二氧化碳采空区防火与封存关键技术；完成万吨级二氧化碳矿化利用技术工业验证；开发出二氧化碳定向转化合成有机含氧化学品的高效工艺技术与新型反应器；完成微藻固定烟气二氧化碳关键技术工业验证。

（二）非常规油气开发利用

加快川渝页岩气商业开发基地建设，加快常压、深层、陆相等新类型页岩气示范区建设，实现页岩气产量快速增长；继续推进沁水盆地南部、鄂尔多斯盆地东缘两个煤层气产业化基地建设；加快南方二叠系、鄂尔多斯盆地低阶煤等新区和新层系开发试验，形成新的煤层气产业化基地；海陆并举，前瞻性布局天然气水合物产业，加大资源评价和技术研发力度；突破中高成熟度页岩油，探索中低成熟度页岩油。

1. 页岩气

在页岩气领域，重点开展以下研究：①深层海相页岩气富集机理、资源潜力与有利目标优选；②海相常压页岩气富集机理、资源潜力与有利目标优选；③页岩气田单井生产规律及稳产技术研究；④常压页岩气注入流体补充能量技术；⑤海相页岩层系高精度成像与甜点准确识别预测技术；⑥深层海相页岩气长水段水平井优快钻完井及高效压裂改造技术；⑦深层海相页岩气水平井多段压裂后流体渗流特征及开采规律研究。

2. 煤层气

在煤层气领域，重点开展以下研究：①复杂地质条件下煤层气富集甜点区预测与储层精细识别等综合评价技术；②构造煤层气规模化高效开发理论、技术与装备；③煤层气丛式长水平井钻完井技术；④煤层气水平井有效体积压裂技术；⑤低产低效井增产新技术；⑥煤矿区采空区完井增产优化与低浓度煤层气资源优化利用技术。

3. 页岩油

在页岩油领域，重点开展以下研究：①陆相页岩油甜点区优选及评价技术；②水平井优快钻完井技术；③中高成熟度页岩油水平井高效多段压裂技术；④中低成熟度页岩油原位改质技术；⑤陆相页岩油开发优化技术；⑥页岩油开发环境评价及保护技术。

（三）能源互联网与先进输电

总的来看，能源系统比以往任何时刻都更加需要科学的解决方案，都更加需要增强创新这个第一动力。能源行业需要围绕能源互联网不同环节加快推进实施一批重大科技项目、科技工程，抢占事关长远和全局的科技战略制高点。在源侧，应聚焦新能源发电及综合利用需求和新能源友好并网需求，研发高精度新能源发电功率预测、新能源电力并网主动支撑等"涉网"发电技术；在网侧，既要开展新型电力系统稳定、多时间尺度电力电量平衡、源网荷储协同规划等基础理论研究，也要加强机电/电磁暂态建模和仿真分析、柔性直流输电、低惯量电网运行与控制等技术攻关，持续深化以输送新能源为主的特高压输电、柔性直流输电等关键技术装备研发与规模化应用，还应重点加强超导输电、无线输电等颠覆性技术布局；在荷侧，面向多能协调互补利用需求和多元负荷智能互动需求，应重点开展大规模灵活资源互动响应技术、综合能源网络建模与运行优化技术、电氢双向转化与综合利用技术、交直流能量路由器技术攻关；在储侧，应加快研发压缩空气储能、飞轮储能、液态和固态锂离子电池储能、钠离子电池储能等高效储能技术，加快突破能量型、功率型等储能本体及系统集成关键技术和核心装备，满足不同应用场景储能发展需要。

（四）核能

在核能利用领域实现三步走发展战略，重点发展三代/四代核电、先进核燃料及循环，利用小型堆等技术，探索研发可控核聚变技术，突破"引进、消化、吸收"的现状。第一步，实现压水堆安全性和经济性的突破，实现规模化建设；第二步，实现示范快堆商用化，通过后处理和核燃料厂，与压水堆实现闭式燃料循环；第三步，实现开展核聚变示范堆的设计和研发，设计建造中国聚变工程实验堆（China fusion engineering test reactor，CFETR）。在核燃料领域，开发深层铀资源和非常规铀资源，实现我国天然铀持续稳定供给；开展高放废物深地质处置研究，实现与生物圈完全隔离，保证环境、人类、生态的安全。

自主三代压水堆核电技术实现型谱化开发、批量化建设。压水堆仍是未来核能技术发展的核心领域，未来将以其为核心，安全、高效地实现核电规模化与批量化发展应用。2025年前，自主压水堆先进技术取得重大突破，全面形成自主三代核电技术的型谱化开发，实现批量化建设，可支撑参与世界核电市场竞争。核燃料循环体系前段和后段能力逐步提升，初步匹配核电批量规模发展需求，构建完善、可持续发展的核燃料循环体系。

多用途小型模块化核反应堆技术开拓核能应用范围与应用领域。小型模块化反应堆在热电联产、高温工艺供热、海水淡化、浮动核电站建设、开拓海洋资源等特殊场合有独特优势，将是未来开拓核能应用范围与应用领域的关键技术方向。2025年前，初步实现基于小型模块化压水堆技术的多用途技术应用与工程示范，应用领域涵盖浮动式核电站、核能供热、供汽等，使其成为孤岛、岛礁、偏远地区供电供能的主力选择,与大型商用压水堆一同构建大型电力节点+小型多用途能源的核能应用体系。核反应堆的小型化、模块化及经济性达到世界先进水平，可参与世界核能多用途应用市场竞争。部分基于先进核能技术的小型多用途核反应堆实现工程示范与应用。

四代先进核能技术与压水堆协调发展，打造可持续发展模式。先进核能系统与技术是实现铀资源增殖与完善闭式燃料循环体系的必然选择。2025 年前，以钠冷快堆、铅冷快堆及超高温气冷堆为核心，完成关键技术攻关，逐步实现工程可用。根据技术特点及应用要求，采用压水堆与四代堆协调、匹配发展的方式，推动核能稳步发展。

尽早实现稳态、高效、安全、实用核聚变技术。作为未来高效、高能量密度、储量丰富的终极能源利用形式，核聚变技术的发展应瞄准国际前沿，创新发展理念，加快攻关步伐，尽早实现稳态、高效、安全、实用的聚变工程堆技术突破与应用。2025 年前，建立近堆芯级稳态等离子体实验平台，完成关键部件与系统技术的突破。

（五）风能

加强风电产业技术创新，促进风电全产业链的完善和升级，加快陆/海上风电度电成本降低，提高风电产品的市场竞争力。统筹优化风电增量和存量资源配置，减少弃风限电状况，有效解决风电消纳问题。加强风电前沿技术和基础技术研究，提高风电机组质量和可靠性，加强各类型测试试验公共技术平台建设，提高检测认证水平，推动我国风电产业"走出去"。

（六）太阳能光伏

进一步提升电池的转换效率，降低度电成本。发展百兆瓦级高效晶硅和薄膜太阳电池生产线全套技术，发展基于叠层等新技术的新型太阳电池技术产业化示范；发展废弃电池组件无害化回收技术，实现光伏组件回收循环再利用，节约资源，减少对原生资源的开采量并降低资源提炼的能耗，从而减轻对生态环境的影响和破坏。

（七）太阳能光热

提高太阳能热发电系统参数，重点以研发装机容量不低于 50 兆瓦的超临界二氧化碳太阳能热发电站为突破口，提高光电转换效率，降低度电成本，与之匹配工作温度超过600℃的传热流体和储热材料，增大储热容量，力争在未来10～15年内实现平价上网，并且能够在能源互联网中充当能源调度节点。在我国光资源较好的北方地区，以村镇和小城市为采暖目标，实现无补贴太阳能跨季节储热采暖。

（八）生物质能

生物质发电产业重点研发高效热电联产和热电多产品联产技术，规模化发展基于生物质气化的热电联产和热电多产品联产技术。生物质成型燃料产业重点研发成型燃料工业化生产关键技术和高效清洁化利用设备。生物质交通燃料产业重点推进纤维素燃料乙醇产业化，建立生物柴油成熟的商业化运营模式，实现生物天然气的高效提炼和应用，研发生物质气化合成液体燃料、生物质水相催化合成液体燃料和生物质热解油的高效转化技术。

（九）地热能

在地热资源勘查方面，开展不同类型区深部地热资源探测，认识岩石圈热结构与温度场分布，揭示深部地热资源赋存机理。在地热能勘查技术方面，突破热储探测评价与热储层改造技术，形成水热型和干热岩型地热资源探测评价与开发利用技术体系。在地热能开发利用方面，突破井下高效换热与规模化利用技术，发展万千瓦级干热岩发电技术，突破4000～6000米干热岩利用技术，建立不同类型地热资源科学开发利用示范基地。

（十）氢能与燃料电池

在制氢方面，发展大规模、低成本的可再生能源制氢技术（即"绿氢"技术），适当开展副产氢+CCS技术（即"蓝氢"技术），同时鼓励光解制氢、生物制氢等新型技术的研发，实现清洁制氢、副产品高值化低碳排放利用；在储氢方面，开发紧凑、轻量化、低成本的高压储氢技术，加快规模化、低成本储氢技术落地，推进安全固态储氢技术的研发，特别是突破我国储氢材料的关键短板技术；在运氢方面，短期内加快低成本、高安全性的管束拖车和液氢罐车输送技术研究，未来重点发展高寿命、低成本氢管道运输技术。在加氢站方面，以70兆帕加氢站为核心技术，重点布局氢气压缩机、氢罐及阀组、小型化重整器等核心部件，加快加氢站网络的建设，推进城际远距离运行。在燃料电池及其分布式发电应用方面，开展燃料电池关键材料与部件的应用基础研究及系统优化，突破催化剂、电极、连接体等关键材料制备，进一步降低成本并提高燃料电池长期运行的性能稳定性、可靠性，加快 SOFC、SOEC 与 PEMFC 等关键技术攻关与装备国产化。加大分布式燃料电池技术研发投入，重点解决燃料电池制造、系统集成、关键设备制造等技术难题。

第四节　工程科技攻关项目

（一）煤炭清洁高效转化与利用

开展 IGCC 和 IGFC 煤炭清洁发电技术的基础研究与技术攻关。IGCC 和 IGFC 煤炭清洁发电技术被视为具有颠覆性的煤炭清洁利用技术，可实现燃煤发电近零排放的清洁利用，供电效率有望超过 60%，明显降低供电煤耗，一旦取得突破将是具有革命性意义的洁净煤技术。应突破适应不同煤种、系列化、大容量的先进煤气化技术，适用于 IGCC 的 F 级及 H 级燃气轮机技术、低能耗制氧技术、煤气显热回收利用技术等，同时通过高效、低成本 IGCC 工业示范，掌握和改进 IGCC 系统集成技术，降低造价，积累 IGCC 电站的实际运行、检修和管理经验。为进一步提升 IGCC 效率和碳捕集经济性，需要重点开发大型 IGFC 颠覆性煤炭发电技术，即整体煤气化-熔融碳酸盐燃料电池（integrated gasification-molten carbonate fuel cell，IG-MCFC）和整体煤气化-固体氧化物燃料电池（integrated gasification-solid oxide fuel cell，IG-SOFC）。其中，IG-MCFC 要突破大面积 MCFC 关键部件设计与制造技术、大容量电池堆组装与烧结运行技术、二氧化碳膜气体分离技术和 IG-MCFC 系统集成技术；IG-SOFC 要重点突破煤气化燃料 SOFC 发电技术、透氧膜供氧技术、SOEC 电解技术和 IG-SOFC 系统集成与优化技术。到 2035 年，实现 IGFC 电站兆瓦级产业化，同时具备全产业链的兆瓦级燃料电池（SOFC、MCFC）和 IGFC 电站制造能力（孙旭东等，2020）。

（二）非常规油气开发利用

1. 川渝深层、超深层页岩气有效开发工程

深层页岩气面积大、资源量丰富，是我国中长期龙马溪组页岩气规模上产的主要领域。目前川南地区深层页岩气已经取得重大突破，实现了商业开发，具备了实施涪陵页岩气勘探开发示范重大工程的物质基础和有利条件。

根据总体目标和需要解决的关键问题，该工程确定了五个方面的重点攻关内容。

（1）深层页岩气藏地质综合评价技术：深层页岩气赋存机理与富集规律研

究；深层页岩气地质综合评价技术研究；深层页岩气可动用资源量及储量评价技术研究。

（2）深层页岩气藏产能评价及有效开发技术：深层页岩气开发过程中渗流规律及影响因素研究；深层页岩气单井产能评价及预测技术研究；深层页岩气合理开发技术政策优化研究；页岩气开发方案优化设计研究。

（3）深层页岩气水平井钻完井技术：深层高陡构造水平井井眼轨迹控制技术研究；页岩气水平井高温钻井液技术研究；长水平井固井技术研究；深层页岩气水平井完井技术研究。

（4）深层页岩气水平井分段压裂技术：深层页岩岩石物理特性与压裂机理研究；深层页岩气压裂液体系与支撑剂技术研究；深层页岩气压裂后评估技术研究。

（5）深层页岩气示范建设及工业化推广：页岩气勘探开发技术集成及装备配套应用优化；采气工程关键技术研究及示范应用；地面工程建设优化及示范应用；安全环保关键技术攻关与应用。

到 2025 年，攻关建成川南深层页岩气勘探开发工程示范基地，新增可动用页岩气资源量达 3000 亿米^3，新建页岩气产能达 50 亿米^3/年；形成 4500 米以浅深层海相页岩气高效开发的技术标准和规范，实现关键装备、工具自主化生产，实现深层页岩气开发的示范作用和工业化推广。

2. 中国南方煤层气效益开发工程

"十三五"期间，我国北方沁水、鄂尔多斯盆地已形成煤层气规模开发基地，煤层气产量不断增长。我国南方贵州织金地区煤层气已经取得单井的商业化突破，这对推动我国南方煤层气开发、形成新的煤层气产业阵地、减少南方煤矿瓦斯事故具有重要意义。

根据总体目标和需要解决的关键问题，该工程确定了以下三个方面的重点攻关内容：①多煤层、构造煤煤层气地质评价技术；②多煤层、构造煤煤层气地面井原位排采技术；③多煤层、构造煤煤层气地面规模开发技术。

到 2025 年，建成织金等滇黔桂地区煤层气勘探开发工程示范基地，新增煤层气资源量达 1000 亿米^3，新建煤层气产能达 5 亿～10 亿米^3/年；建立中国南方构造煤煤层气开发的技术标准与规范，实现南方煤层气开发的示范作用和工业化推广。

3. 陆相页岩油勘探开发工程

目前我国原油对外依存度较高，页岩油将是未来我国原油增长的重要组成部分，实施陆相页岩油勘探开发工程对夯实油气高质量发展基础、保障国家能源安全具有重要意义。我国页岩油资源丰富、分布层系多、范围广、资源量丰富。"十三五"期间，中国中高成熟度页岩油已经取得重大突破，初步展现出良好的发展前景。根据总体目标和需要解决的关键问题，该工程确定了五个方面的重点攻关内容。

（1）陆相页岩油甜点区优选与评价技术：页岩油地质基础理论、页岩油储层精细描述、页岩油可流动性评价及甜点评价、陆相页岩油地球物理甜点预测研究。

（2）页岩油长水平井优快钻完井技术：开展旋转导向研究、长寿命井下动力钻具、长水平段轨迹优化与控制技术攻关，提高陆相页岩"一趟钻"能力，大幅缩短钻井周期。

（3）中高成熟度页岩油高效多段压裂技术：开展陆相页岩适应性高导流水平井分段压裂优化设计与施工技术研究，开展高黏土储层伤害压裂液体系研究。

（4）陆相页岩油开发技术：开展"井工厂"立体开发技术、人工改造油藏有效渗透率能力描述与评价技术、页岩油试井分析与产能评价技术、陆相页岩油储量评价技术、页岩油开发技术政策优化及采油工艺技术等研究。

（5）陆相页岩油环保技术：开展页岩油钻井液及压裂返排液处理处置技术、生态及地下水环境风险评估与监控技术、安全环保标准体系等攻关研究。

到 2025 年，力争在准噶尔、鄂尔多斯、四川、渤海湾、松辽盆地建成多类型陆相页岩油勘探开发工程示范基地，页岩油新增探明地质储量达 1 亿吨，新建页岩气产能达 500 万吨/年；形成陆相页岩油高效开发技术标准和规范，关键装备和工具自主化生产，实现陆相页岩油开发的示范作用和工业化推广。

（三）能源互联网与先进输电

在特高压方面，加强柔性交直流技术研究，以特高压重点工程为依托，大力推进关键设备设计和质量控制、大规模新能源机群与直流输电系统的协同控制等技术攻关，实现特高压技术的全面升级。

在新能源汽车充电桩方面，加强充换电技术研究，加快接电速度，完善配电网架布局，有序支撑充电技术发展。

在电网调度自动化方面，基于物理分布、逻辑统一的新一代调控体系，研究多专业协同的调配、调用多业务一体化建模技术；研究基于新架构的调控系统持续集成、持续发布与质量保证技术；研究全国产化高性能电力专用安全防护关键技术。

在新能源并网及运行控制方面，研究新型安全稳定控制系统架构；研究基于区块链的安全稳定控制终端身份认证技术；研究基于 5G 的安全稳定控制技术；研究海量微小源荷资源参与电网安全稳定控制技术；研究电力电子化电网的宽频带振荡监测及抑制技术。

在柔性交/直流输电技术方面，开展可抵御换相失败的特高压直流输电换流阀关键技术研究，结合常规直流换流阀状态在线监测和评估技术研究，推进常规换直流技术升级与改造技术研究。

在综合能效服务技术方面，提出异质能源系统能效评价理论方法体系，构建支撑面向不同场景异质能源系统的能效对标数据库，推动建立综合能源系统能效计量体系。

（四）核能

1. 中国示范快堆力争发电

中国快堆采取"实验快堆、示范快堆、商用快堆"三步走路线。在示范快堆成功建造和运行的基础上，将进一步发展商用快堆，实现快堆的商业推广。预计到 2030 年左右，将建成百万千瓦级大型高增殖商用快堆。为保证霞浦 600 兆瓦示范快堆（CFR600）的顺利建造，将开展液力悬浮非能动停堆棒研究、堆内自然循环研究、堆芯解体事故进程研究及雾状钠火研究，研制主泵、蒸汽发生器、控制棒驱动机构等关键设备，提高中国快堆工程设计技术和设备自主化能力。另外，将逐步建立快堆电站规范标准体系，完善中国实验快堆试验和运行配套条件，加快钚铀混合氧化物（mixed oxide，MOX）燃料制备技术研究。

2. 模块化高温气冷堆实现发电并探索高温制氢

高温气冷堆未来的发展方向主要是多模块高温气冷堆热电联产和超高温气冷堆技术两个方面。在球床模块式高温气冷堆（high temperature reactor-pebblebed modules，HTR-PM）核电站示范工程的基础上，将启动 600 兆瓦模块式高温气冷堆热电联产机组总体方案研究，开展预概念设计工作，发展安全、高效、经济的产业化多模块高温气冷堆；在当前技术基础上进行超高温气冷堆技术的预研，开展耐更高温度的燃料元件技术、氦气透平技术、高温氦/氦中间换热器技术、高温电磁轴承技术、高温制氢技术等研究工作，以实现高温制氢，作为可以运载工具的清洁能源，为更高效的安全发电、大规模核能制氢奠定基础；围绕高温气冷堆未来发展的关键技术，积极参与国际合作，解决材料、燃料、设计及设备等方面的问题，使中国高温气冷堆继续处于国际前沿。

3. 钍基熔盐堆核能专项取得显著进展

中国熔盐堆研究致力发展固体燃料和液体燃料两种技术，以最终实现基于熔盐堆的钍资源高效利用。下一阶段将在钍铀循环核数据、结构材料、后处理技术等方面开展基础性研究工作。依托钍基熔盐堆（thorium molten salt reactor，TMSR）核能专项，将建设 TMSR 仿真装置（TMSR-SF0）、10 兆瓦固体燃料 TMSR 实验装置（TMSR-SF1）和具有在线干法后处理功能的 2 兆瓦液体燃料 TMSR 实验装置（TMSR-LF1），以支撑未来中国熔盐堆技术研究，实现关键材料和设备产业化。预计到 2030 年左右，中国全面掌握 TMSR 设计技术，基本完成工业示范堆建设，同时发展小型熔盐堆模块化技术，进行商业化推广。

4. ADS 研究取得多项突破

启动中国科学院战略性先导科技专项"未来先进核裂变能——加速器驱动次临界系统（accelerator driven sub-critical system，ADS）嬗变系统"，在超导直线加速器、重金属散裂靶、次临界反应堆及核能材料等研究方面取得了重要的阶段性进展和突破，若干关键技术达到国际先进水平，使中国具备了建设 ADS 集成装置的工程实施基础。针对 ADS 和第四代铅冷快堆（fourth generation lead-cooled fast reactor，LFR）的技术发展目标和实验要求，完成了具有临界和加速器驱动次临界双模式运行能力的 10 兆瓦中国铅基研究堆详细方案设计；建成了系列铅铋回路实验平台，开展了冷却剂技术、关键设备、结构材料与燃料、反应堆运行与控制技术等铅基关键技术研发；目前正在开展铅基堆工程技术集成实验装置、铅基堆零功率物理实验装置、铅基数字反应堆的建设，以开展铅基堆关键设备和运行技术集成测试与验证。

（五）风能

开展废弃风电叶片大规模、无害化回收处理工程科技攻关项目。大多数风电机组的设计寿命在 25 年左右，一旦超过机组的使用寿命，就需要将老化的机组分离拆除。我国作为风电新增和累计装机容量大国，未来需要对大量退役的风电机组进行回收处理。风电机组的基础、塔架及机舱内大部分零部件能够作为混凝土和钢材进行回收，但对于风电机组叶片，目前还没有行之有效的大规模、无害化回收处理方法。风电叶片的组成中包括纤维增强材料（玻璃纤维或碳纤维）、塑料聚合物（聚酯或环氧乙烯树脂）、夹心材料（聚氯乙烯、聚对苯二甲酸乙二醇酯或巴沙木）和涂层（聚氨酯）等复合材料。热固性聚合物复合材料经过交联反应，不能再熔化或重塑，因此这类材料难以循环利用。传统的露天堆放、填埋或焚烧等方法限制了资源的合理再利用并造成严重的环境污染，因此国内外都在探索新的废弃风电叶片无害化回收处理方法，机械回收、热回收、化学回收等虽然从原理上证明了风电叶片复合材料回收的可行性，但大部分仍处于实验室阶段，距离大规模、连续化、低成本、低能耗、低污染的工业化程度回收利用较远，不能满足未来我国风电叶片年回收量多达 1 万吨的需求，因此亟须开展风电叶片组成材料的高效分离回收技术及装备、不可回收材料无害化处理技术及装备、基于改性热固性复合材料/热塑性复合材料/天然纤维复合材料的易回收易降解新型环保叶片材料体系及其成型技术等方面的研究，开展废弃风电叶片无害化回收处理工程科技项目攻关。

（六）太阳能光伏

开展效率达 24%的高效晶硅太阳电池产业化关键技术研究。太阳能光伏发电的核心是太阳电池。目前晶硅电池仍然是太阳电池发展的主流，并且在未来 20 年内其应用比例仍然占据主导地位。应用太阳能光伏的最大限制仍然是其相对较高的成本。提升电池效率是降低电池成本的最直接方法。"十四五"期间，太阳能光伏产业的基本目标是整线平均效率达到 22%，小面积器件效率达到 25%，完成 25 兆瓦生产线成套关键技术研发，开展晶体硅异质结太阳能电池、交叉背接触（interdigitated back contact，IBC）电池等高效电池关键材料、工艺、装备及光伏辅材的国产化研究并形成示范，以实现关键工艺技术的突破。

（七）太阳能光热

开展超临界二氧化碳塔式太阳能热发电示范电站建设。建设装机容量不低于 10 兆瓦、储热容量不低于 2 小时的超临界塔式太阳能热发电示范电站。电站设计光电转换效率不低于 25%，发电温度不低于 600℃，采用超临界二氧化碳作为工质的透平，储热温度不低于 600℃，定日镜场几何聚光比不小于 800，集热场系统运行温度不低于 650℃，为 2030 年实现超临界二氧化碳太阳能热发电站的大规模商业化运行提供技术支撑。

（八）生物质能

开展先进生物液体燃料产业化技术研究。以农作物秸秆、木屑等木质纤维素为原料生产燃料乙醇、生物航空煤油等先进生物液体燃料是生物质能产业商业化推广的重点领域。农作物秸秆、木屑等木质纤维素原料储量丰富，可极大地补充我国能源需求缺口。以农作物秸秆生产燃料乙醇为例，我国每年农作物秸秆产生量为 7 亿吨左右，30%的原料可产出 3000 万吨左右的燃料乙醇，足以满足国内燃料乙醇的需求，同时解决木质纤维素随意丢弃和燃烧产生的环境污染问题。然而，现有纤维素合成先进生物液体燃料技术成本较高，严重阻碍了其产业化进程。加大关键转化技术的研发攻关、构建和完善多产品产业链、降低综合生产成本是先进生物液体燃料产业化科技攻关的重点。

（九）地热能

开展干热岩工程化探测开发技术研究。我国陆区地下 3～10 千米干热岩资源量折合标准煤达 856 万亿吨，储量丰富，以其 2%作为可开采资源量计，约为 2015 年全国能源总消耗量的 4000 倍。针对制约规模化经济开发的关键问题，在资源富集与场地勘查评价、环境影响监测、室内综合模拟、热储改造与高效换热等方面开展攻关研究，推动我国干热岩勘查开发理论与工程技术进步，建立干热岩勘查开发示范工程与试验研究基地，完成干热岩试采工程，实现干热岩勘查开发与技术装备自主创新。

（十）氢能与燃料电池

1. 加快 SOFC 关键技术的突破，实现规模化发电示范应用

SOFC 发电效率较高，且不需要使用贵金属，采用廉价稀土制备，因此成本低、应用范围广。基于 SOFC 技术研究基础，SOEC 技术可以使风能、太阳能等间歇式能源高效转化成可持续能源，是未来有前景的能源转化和储存技术。我国 SOFC 技术产业化进程缓慢，与国外差距巨大，核心技术匮乏，根据国内市场发展前景，我国迫切需要实现百千瓦至兆瓦级 SOFC 分布式发电系统示范应用，为实现发电系统规模化奠定基础。

2. 开展低碳规模化制氢方式示范，探索加氢站制储运的多元化模式

根据国内氢能资源情况和分布特点，因地制宜地开展大规模低碳、低成本制氢方式的示范应用。研究基于可再生能源和先进核能的低成本制氢技术，鼓励以工业副产品氢及弃风、弃光、弃水等可再生能源发电电解水制氢方式，突破太阳能光解制氢和热分解制氢等关键技术。同时应积极探索高压气态、低温液态及储氢材料等多种储运氢技术，在短距离中鼓励采用气态拖车运输方式，在中长距离中鼓励采用液氢罐车运输方式，在更长距离或城市管网中鼓励探索管道运输方式。

第四章 能源新技术 2035 年远景目标与战略路线图研究

2035 年前，我国将锚定"双碳"目标，充分发挥可再生能源的资源优势、技术优势，锻长板、补短板，巩固提升可再生能源整体核心竞争力和竞争优势，大力推动新时代可再生能源大规模、高比例、高质量、市场化发展，坚持可再生能源优先发展、大力发展不动摇，以高质量跃升发展为主题，以提质增效为主线，以改革创新为动力，通过区域布局优化发展，加快实施可再生能源替代行动，着力提升新能源消纳和存储能力，积极构建以新能源为主体的新型电力系统，健全完善有利于全社会共同开发利用可再生能源的体制机制和政策体系，为保障能源供应、推进能源绿色低碳发展、实现"双碳"目标作出更大贡献。

第一节 面向 2035 年的远景目标

（一）煤炭清洁高效转化与利用

2035 年实现煤炭由主导能源向基础能源战略转变，煤炭消费占一次能源消费比例下降到 40% 左右，形成煤炭清洁高效低碳开发利用体系，煤炭集中高效利用占比提高到 95%，其中，电煤占比超过 65%；燃煤发电及超低排放技术达到整体国际领先水平；掌握低能耗百万吨级 CCUS 技术。

（二）非常规油气开发利用

依靠政策支持、技术进步、体制创新，2035 年配套形成具有世界先进水平的页岩油气勘探开发自主核心技术体系，页岩油气产量大幅提升，成为我国石油、天然气产量的重要组成部分；煤层气开发利用技术装备瓶颈取得突破，形成煤炭远景区先采气后采煤、煤炭生产规划区先抽后采和采煤采气一体化格局，实现地面开发基地化、井下抽采规模化，推动"安全-资源-环保"绿色发展。

（三）能源互联网与先进输电

2025 年，在保障能源安全、环境安全、社会安全的前提下，提高电网及能源链的能效及经济性；2030 年，围绕国家能源清洁转型战略，将电力系统融入社会整体能源系统及相关环境，持续提升大电网稳定控制水平；2035 年，实现能源互联网与"云大物移智链边"[①]等现代信息技术、先进通信技术的深度融合，实现电力系统各个环节的万物互联、人机交互，广泛连接内外部、上下游资源和需求，打造能源互联网生态圈。

（四）核能

2030 年，建成核电强国，核电发电量占比接近当前全球的平均水平，核电在运装机容量达到 1.5 亿千瓦左右；健全核燃料保障供应体系，确保铀资源安全供应。通过快堆和后处理示范工程，初步建成闭式燃料循环体系；实现核能多用途利用。核能供热成为清洁供热的重要组成和支撑，突破核能海水淡化、核能制氢关键技术，推广示范项目。

（五）风能

2025 年，开展复杂地形和台风影响区域风资源特性数值仿真分析技术、10 兆瓦级及以上海上风电机组及关键部件设计制造技术、大型风电主轴轴承设计制造技术、漂浮式海上风电技术研究，形成国际竞争力，支持风电产业高质量可持续发展。2030 年，开展分段式或组合式超长柔性叶片气动/气弹设计制造、废弃风电设备无害化回收处理等关键核心装备系统研制工作，形成完整的风能开发利用自主技术创新体系和产业体系。2035 年，掌握陆/海上规模化风电开发成套技术与装备，积极参与国际项目竞争，成为风电技术创新和产业发展强国。

（六）太阳能光伏

2025 年，建成小规模高效晶硅和薄膜太阳电池示范线，形成合适的新型电池技术路线；2030 年，建成中等规模高效晶硅和薄膜太阳电池示范线，形成可靠的生产技术，建成高效新型太阳电池中试线；2035 年，建成百兆瓦级高效晶硅和薄

---

① "云大物移智链边"是指云计算、大数据、物联网、移动互联网、人工智能、区块链、边缘计算等先进数字信息科学技术的统称。

膜太阳电池示范线，形成可靠的生产技术，建成高效新型太阳电池和晶硅-太阳电池叠层电池生产线。

（七）太阳能光热

2025年，完成超临界二氧化碳塔式太阳能热发电示范电站建设，为其商业化发展提供技术支撑；配有大容量储热系统的熔盐点聚光和线聚光电站技术成熟，能够配合电网需求进行电力调度；跨季节储热技术达到商业化应用门槛。2030年，超临界二氧化碳热发电技术实现商业化；熔盐热发电站发展到更高参数，产业成熟，在能源网络中作为重要节点；跨季节储热技术实现规模化商业应用。2035年，太阳能热发电能够实现平价上网，在北方合适地区，跨季节储热技术具备充分的市场竞争力。

（八）生物质能

2025年，生物质发电产业形成成熟的热电联产运行模式，燃煤耦合生物质发电运行稳定；生物质成型燃料商业化运行模式成熟；纤维素燃料乙醇实现产业化，生物柴油商业化运营模式成熟，生物天然气实现商业化应用，生物质气化、热解、催化形成的液体燃料达到万吨级示范规模。2030年，生物质发电产业的热电联产实现产业化，发电成本接近煤电成本；生物质成型燃料的生产成本下降，其供热成本接近燃煤供热成本；纤维素燃料乙醇、生物柴油和生物天然气形成成熟的商业化运营模式；生物质气化、热解、催化形成的液体燃料达到产业化前期阶段。2035年，农林生物质、垃圾和沼气发电成本与煤电成本持平或更低，生物质成型燃料供热成本与燃煤供热成本持平甚至更低，纤维素燃料乙醇、生物柴油和生物天然气的生产成本进一步下降，分别与粮食燃料乙醇、柴油和天然气相当，生物质气化、热解、催化形成的液体燃料实现产业化。

（九）地热能

2025年，加强地热资源勘查，摸清不同类型地热资源赋存机制，降低地热能的发热成本及供热成本，新增地热能供暖面积，提高地热能供暖率，并开展干热岩型地热资源试采工作，建设干热岩示范项目。2030年，整合地热勘查技术，形成系统化综合勘查技术体系，提高储层产能，降低地热能开采过程中的能源损失，通过示范项目的建设，突破干热岩资源潜力评价与钻探靶区优选、干热岩开发钻井工程关键技术，以及干热岩储层压裂、热储建造和高效取热等关键技术，突破干热岩开发与利用的技术瓶颈。2035年，形成完善的地热能开发利用技术体系和管理体系，掌握干热岩勘查开发、中低温地热发电等关键核心技术，形成较完备的地热行业标准体系和地热能开发利用装备制造产业体系，并建立兆瓦级增强型地热系统（enhanced geothermal systems，EGS）场地，推广示范工程，编写地热回灌行业标准。

（十）氢能与燃料电池

2035年，利用可再生能源制氢，实现交通领域的低碳零碳排放，减少交通领域的原油对外依存度，实现能源多元化，培育自主创新能力，促进核心技术的发展。

2025年，氢需求量提升至3000万吨，加氢站数量达到200座，氢燃料电池汽车保有量达到10万台；改进PEMFC电极材料及电堆结构，优化耐久性控制策略，提升电堆比功率、耐久性，降低成本，其中，商用车电堆额定功率大于120千瓦，寿命大于20000小时，成本小于1000元/千瓦，乘用车电堆额定功率大于100千瓦，寿命大于6000小时；突破SOFC关键材料、核心部件、系统集成、过程控制等关键技术，深入开展SOFC、SOEC材料与界面衰减的基础研究，在电堆寿命方面取得实质性突破，SOFC累计装机容量达到5兆瓦，SOFC发电系统成本降到50000元/千瓦（按100千瓦级），寿命达到1万小时。

2035年，加氢站数量达到2000座，建立氢燃料电池汽车完整产业链，氢燃料电池汽车保有量达100万台以上，实现汽车工业的转型；巩固PEMFC新材料体系，促进新材料体系生产与规模应用，其中，商用车电堆额定功率大于200千瓦，寿命大于30000小时，成本小于300元/千瓦，乘用车电堆额定功率大于150千瓦，寿命大于8000小时；完全掌握SOFC电池堆及系统集成技术，建立低成本的燃料电池材料、部件、系统的制备与生产产业链，SOFC累计装机容量达到500兆瓦，SOFC发电系统成本降到5000元/千瓦（按100千瓦级），寿命达到8万小时。

第二节　战略路线图

能源新技术产业面向2035年发展战略路线图见图4.1。

第四章 能源新技术 2035 年远景目标与战略路线图研究

里程碑	面向2035年

	需求	应对能源安全与生态环境问题，建设清洁低碳、安全高效现代能源体系，为能源强国战略提供安全、清洁、低碳、智慧能源技术和关键材料装备支撑
目标层	目标	面向2035年，有序推动先进性、颠覆性洁净煤技术的产业化，实现煤炭发电与深加工的清洁高效利用
		加大页岩气勘探开发力度，攻克页岩气勘探开发核心技术，突破煤层气开发利用技术装备瓶颈，实现"安全-资源-环保"绿色发展
		在保障能源安全、环境安全、社会安全的前提下，提高电网及能源链的能效及经济性 / 围绕国家能源清洁转型战略，将电力系统融入社会整体能源系统及相关环境，持续提升大电网稳定控制水平 / 能源与物联网技术深度融合，并结合人为需求及判断因素，增加电网的防御及服务主动性
		实现三代核电技术规模化发展及核能多用途利用和综合能源网建设 / 通过新一代核电及后处理示范工程的建设，建立闭式燃料循环体系 / 形成国际先进的集技术开发、设计、装备制造、运营服务于一体的核电全产业链发展能力
		突破关键核心技术设计方法与体系研究，支撑风电产业高质量可持续发展 / 全面实现风电技术的自主化，形成国际竞争地位 / 掌握陆/海上规模化风电开发成套技术与装备，成为风电技术创新和产业发展强国
		形成技术示范和合适的新型电池技术路线 / 建成中等规模高效晶硅和薄膜太阳电池示范线和高效新型太阳电池中试线 / 建成百兆瓦级高效晶硅和薄膜太阳电池示范线，以及高效新型太阳电池和晶硅-太阳电池叠层电池生产线
		成本电价在2020年基础上降低30%；跨季节储热技术达到商业化应用门槛 / 成本电价在2020年基础上降低50%；跨季节储热技术实现规模化商业应用 / 太阳能热发电能够实现平价上网；在北方合适地区，跨季节储热技术具备充分市场竞争力
		通过技术创新和突破，实现生物质能产业规模化商业应用，建设分布式多联产系统，全面降低产品生产成本，广泛替代传统燃煤消费，满足国家绿色低碳发展需求
		加强地热资源勘查，摸清不同类型地热资源赋存机制 / 整合地热勘查技术，形成系统化综合勘查技术体系 / 突破地热开发利用关键技术，全面提升地热能利用效率
		培育自主创新能力，解决"弃风、水、光"问题，助力可再生能源发展，实现非化石能源消费占一次能源消费比例达到20%的能源发展战略
	重点任务	加强颠覆性技术的基础研究与技术攻关，持续提升燃煤发电效率，积极推进CCUS产业的发展；推动煤炭深加工产业升级示范
		推动页岩气产业向多地区、多领域拓展，形成新的煤层气产业化基地，前瞻性布局天然气水合物产业，加大资源评价和技术研发力度
		实现特高压技术的全面升级，助力新能源汽车充电桩建设，建成国际领先的能源互联网企业，推动电网向能源互联互通、共享互济的进程
		重点发展三代、四代核电与先进核燃料及循环，利用小型堆等技术，探索研发可控核聚变技术，突破"引进、消化、吸收"的现状

里程碑		面向2035年		
重点任务		加快发展陆上分散式风电，推进海上风电建设，落实解决消纳难题，形成产业发展的完整研发制造体系		
		进一步提升电池转换效率，降低度电成本。发展百兆瓦级高效晶硅和薄膜太阳电池生产线全套技术，发展基于叠层等新技术的新型太阳电池技术产业化示范		
		提高太阳能热发电系统参数，降低成本电价，力争在未来10~15年内实现平价上网，并且能够在能源互联网中充当能源调度节点，北方部分地区实现无补贴太阳能跨季节储热采暖		
		规模化发展基于生物质气化的热电联产和热电多产品联产技术，推进纤维素燃料乙醇产业化，建立生物柴油成熟的商业化运营模式，实现生物天然气的高效提炼和应用，突破高效转化技术		
		揭示深部地热资源赋存机理，形成水热型和干热岩型地热资源探测评价与开发利用技术体系，建立不同类型地热资源科学开发利用示范基地		
		提高燃料电池电堆性能与比功率，提高燃料电池的耐久性，降低燃料电池成本，推动燃料电池的研发与利用		
关键技术	700℃超超临界燃煤发电技术	具备700℃超超临界发电示范条件，完成示范工程调试	建成700℃超超临界示范电站，发电效率>50%	实现大规模燃煤电站的700℃超超临界燃煤发电技术推广和改造
	先进IGCC/IGFC技术	600兆瓦等级IGCC示范电站、兆瓦等级IGFC示范系统	建设5~10座900兆瓦等级IGCC示范电站，发电效率达48%~50%，碳捕集率>90%；建成兆瓦等级IGFC示范电站	900兆瓦等级IGCC电站规模化应用，100兆瓦等级IGFC电站推广应用，发电效率>60%，碳捕集率>95%
	CCUS技术	百万吨级碳捕集与利用示范	基于煤炭先进发电技术的碳捕集及利用技术示范应用	碳捕集产业实现商业化
	页岩气开采技术	4500米深层页岩气取得攻关突破，常压页岩气、中高成熟度页岩油实现商业突破	4500米深层页岩气实现商业突破，常压页岩气、中高成熟度页岩油实现商业开发	年产深页岩气10亿~50亿米^3，常压页岩气10亿米^3，陆相页岩气10亿~50亿米^3，中高成熟度页岩油1000万吨
	中低成熟度页岩油原位转化技术	先导攻关试验	中低成熟度页岩油实现技术突破	通过持续攻关，力争实现中低成熟度页岩油商业应用
	低阶煤煤层气增产技术	取得商业突破	实现商业开发	通过持续攻关，力争实现低煤阶煤层气规模开发
	天然气水合物大规模安全经济开采技术	先导攻关试验	取得商业突破	通过持续攻关，力争实现水合物商业开采重大突破
	旋转导向技术	试验应用	商业推广	旋转导向国产化并向规模化应用，相关性能指标与国际水平相当

第四章 能源新技术 2035 年远景目标与战略路线图研究

里程碑		面向2035年		
关键技术	无水压裂技术	攻关试验	攻关试验，部分技术取得突破	无水压裂技术试验取得重大突破，并得到推广应用
	电网调度自动化	实现全网调控数据资源汇集，构建调控数据共享服务体系	电网调控向智慧型调度发展，电力市场更加成熟和完整	实现多维调度决策方法和动态多变的控制手段
	新能源并网及运行控制	实现复杂严重故障的主动预想和综合防御，有效降低电网的运行风险	全面自主掌握自适应闭环紧急控制系统核心技术，实现电网紧急控制系统的升级换代	建立"离线典型策略 + 在线策略"的防御模式，实现电网自适应闭环紧急控制
	柔性交/直流输电技术	掌握特高压混合直流输电控制保护技术，推动多个柔性直流工程建设	推进高比例、深远海新能源的接入，突破高压直流电网等关键技术	攻克关键瓶颈，实现技术推广
	综合能效服务技术	完成采集计量装置关键元器件国产化替代	分布式能源和柔性负荷朝着智能互动、清洁高效、安全开放、多能互补趋势融合发展	实现大规模灵活资源优化配置、运行调控策略与电网运行控制技术取得成果
	一体化燃料循环的自主大型商用快堆技术	完成CFR600的建设	建成百万千瓦级大型高增殖商用快堆	完成规模化建造，并实现快堆一体化燃料循环技术，在实现高增殖的同时进行嬗变
	耐事故燃料元件技术	初步掌握具备耐事故燃料特征的先进燃料芯块研制关键技术，论证选型出具有可工程应用的耐事故燃料组件技术类型，实现先导组件入商用堆辐照，力争实现耐事故燃料大规模入堆应用		
	核电站消除大规模释放安全技术	实现严重事故预防与缓解技术及方法论创新，服务于智能化及更高安全性和更好经济性的先进核电技术，普遍接受"实际消除大量放射性物质释放"的兜底措施		
	满足快堆闭式燃料循环先进乏燃料后处理技术	全面掌握具有自主知识产权的后处理核心技术，形成可处理三代核电站高初始富集度、高燃耗乏燃料的大型后处理厂自主设计和建设能力		干法后处理技术完成实验室研究、技术路线确定和热台架验证，具备建设工业示范验证设施的条件
	聚变-裂变混合堆技术	开展核聚变示范堆的设计和研发，设计建造中国聚变示范堆CFETR，探索核聚变能源商业利用，聚变-裂变混合堆示范工程实现应用		
	复杂地形和台风影响区域风资源特性数值仿真分析技术	开展精确测量及其时空变化特征机理研究	建立数据库及其测量与计算方法指南，开发高精度模型的风资源评估软件系统	建立复杂地形和台风区域湍流风特性数据库，开发高精度模型的风资源评估软件系统
	大型风电主轴轴承设计制造技术	开展大型风电主轴轴承设计理论、材料制备、热处理工艺流程等基础理论研究	开展试验测试方法研究，全工况试验测试台架建设	攻克大型风电主轴轴承设计制造测试技术难题，全面实现国产化
	漂浮式海上风电技术	开展漂浮式平台设计、系泊系统设计建造等关键技术研究，开展全工况多体耦合仿真分析技术研究	开展漂浮式海上风电样机可靠性验证	可实现批量装机运行，为开发我国深远海风能资源提供装备支撑

里程碑		面向2035年		
关键技术	分段式或组合式超长叶片设计制造技术	开展超长柔性叶片气动翼型设计、气动-结构耦合动态响应、气弹稳定和颤振抑制技术研究	开展超长叶片分段式或组合式技术方法、工艺设计研究，开展分段或组合叶片高精度对接技术研究	攻克分段式或组合式超长叶片设计制造技术，并试验验证
	废弃风电设备无害化回收处理技术	开展风电叶片和永磁体高效分离和再利用技术、新型环保叶片材料体系及其成型技术研究	开展风电叶片和永磁体无害化回收处理技术验证及装备研制	攻克风电叶片和永磁体等废气设备大规模、连续化、低成本、低能耗、低污染的工业化回收利用
	效率为24%晶硅太阳电池产业化技术	建立25兆瓦级生产线，平均效率为22%，电池片建成1兆瓦级示范电站	建立50兆瓦级生产线，平均效率达到23%，电池片建成5兆瓦示范电站	建立100兆瓦级生产线，效率达到24%,电池片建成10兆瓦级示范电站
	效率为22%薄膜太阳电池产业化技术	建立25兆瓦级生产线，平均效率为18%，电池片建成1兆瓦级示范电站	建立50兆瓦级生产线，效率达到19%,电池片建成5兆瓦示范电站	建立百兆瓦级生产线，效率达到20%,电池片建成10兆瓦级示范电站
	效率为20%以钙钛矿太阳电池为代表的新型电池产业化技术	建立1兆瓦量级高效电池中试线，整线效率大于20%,利用中试线生产的电池片建成1千瓦示范电站	建立5兆瓦量级高效电池中试线，整线效率大于22%,利用中试线生产的电池片建成5千瓦示范电站	建立10兆瓦钙钛矿太阳电池与晶硅叠层电池效率超过30%的高效电池示范线，利用实验线生产的电池片建成10千瓦示范电站
	基于超临界二氧化碳动力循环的太阳能热发电	建立装机功率不低于1兆瓦的超临界二氧化碳太阳能热发电示范电站	建立装机功率不低于50兆瓦的超临界二氧化碳太阳能热发电站，实现商业化投运	基于超临界二氧化碳动力循环的太阳能热发电站实现商业化广泛推广，产业规模不断扩大
	超表面太阳能集热技术	制备小尺寸样片，实现尺寸为0.5米超表面聚光器件	实现聚光器级别样机，并完成集热系统示范	广泛应用于太阳能热发电的聚光场，代替传统的机械跟踪型聚光器
	大聚光比线聚光太阳能热发电技术	完成50兆瓦级大聚光比线聚光太阳能热发电站，投入商业化运行	完成工作温度不低于510℃的商业化线聚光太阳能热发电站	占有太阳能热发电市场份额不低于40%
	跨季节太阳能储热技术	完成采暖面积不低于5万米²的太阳能跨季节储热采暖示范工程	完成采暖面积不低于20万米²的商业化太阳能跨季节储热项目	西部地区建成不少于100个商业化项目
	纤维素燃料乙醇技术	纤维素燃料乙醇年产5万吨规模示范工程平稳运行	商业化运行，成本与非粮乙醇相当，年产量为50万吨以上	纤维素燃料乙醇生产成本与粮食燃料乙醇相当，年产量达到100万吨以上
	生物天然气制备技术	大型沼气工程实现平稳运行，生物天然气实现产业化	生物天然气年产量超过150亿米³,建立沼气多产品开发及运营模式	沼气多产品开发及运营模式成熟，年产量超过300亿米³,生物天然气高效液化技术成熟
	生物航空煤油制备技术	研发生物航空煤油精制技术和装备，形成万吨级示范工程	建成原料生产基地，实现年产5万吨以上规模的平稳运行	形成稳定的原料供应链和成熟的产销模式，生物航空煤油年产量达到50万吨以上

里程碑		面向2035年	
关键技术	生物质电、热、冷等多产品联产技术	建立生物质热电多产品联产示范工程，气化热电联产技术达到产业化成熟阶段	生物质热电多产品联产与燃煤耦合生物质发电实现产业化	单机产能达到15兆瓦以上，商业化运营模式成熟
	人工储层改造技术	研发耐高温金属封隔器、高温可降解暂堵材料和定向压裂技术	研发耐高温金属封隔器，实现压裂封隔器耐温大于280℃，实现较为成熟的分段压裂与定向压裂技术	建立较为成熟的增强型地热系统储层建造技术，实现压裂封隔器耐温大于300℃
	采灌均衡条件下水热型地热资源动态评价技术	建立碳酸盐岩热储层采灌均衡条件下水热型地热资源动态评价技术	建立成熟的碳酸盐岩热储层采灌均衡条件下水热型地热资源动态评价技术，初步建立花岗岩和砂岩储层采灌均衡条件下水热型地热资源动态评价技术	建立不同热储条件下模式化的采灌均衡条件下水热型地热资源动态评价技术
	浅层地热能科学开发利用适宜性评价技术	初步建立纳入水文地质、环境气候特征的浅层地热能开发利用适宜性评价体系	初步建立包含复杂地质条件特征的浅层地热能开发利用适宜性评价体系	建立基于地质、环境气候、水文地质条件等特征的浅层地热能开发利用适宜性评价体系
	PEMFC技术	商用车比功率为2.5千瓦/升，寿命大于20000小时，成本小于100元/千瓦	商用车比功率为3千瓦/升，寿命大于30000小时，成本小于500元/千瓦	商用车比功率为4千瓦/升，寿命大于30000小时，成本小于300元/千瓦
	MCFC技术	电堆材料及系统关键技术突破，百千万瓦级MCFC示范运行	兆瓦级MCFC发电系统的自主设计、制造与示范运行；成本小于8000元/千瓦，寿命大于4万小时；净效率≥52%	50兆瓦级IGFC发电系统的自主设计、制造与示范运行；成本小于6000元/千瓦
	SOFC技术	100～500千瓦级SOFC及SOEC自主设计、制造、示范运行，成本小于50000元/千瓦，寿命大于1万小时	兆瓦级SOFC及SOEC自主设计、制造、示范运行，成本小于10000元/千瓦，寿命大于4万小时	50兆瓦级IGFC及SOEC自主设计、制造、示范运行，成本小于5000元/千瓦，寿命大于8万小时
关键项目		IGCC和IGFC高效发电系统工程科技攻关项目	
		川渝地区深层、超深层页岩气有效开发工程科技攻关项目	
		国际领先的能源互联网工程科技攻关项目	
		耐事故核燃料元件开发和严重事故机理及严重事故缓解工程科技攻关项目	
		废弃风电叶片大规模、无害化回收处理工程科技攻关项目	
		超过25%的高效低成本电池产业化工程科技攻关项目	
		基于超临界二氧化碳热力循环的塔式大阳能热发电工程科技攻关项目	
		纤维素燃料乙醇产业化工程科技攻关项目	
		干热岩勘查开发工程科技攻关项目	
		零碳化产氢与精准输配工程科技攻关项目	

里程碑		面向2035年
保障层	政策	优先发展适应国情的煤炭深加工技术路线，科学布局现代煤化工产业；加快调整用煤结构与产业，前瞻规划洁净煤技术与煤炭产业的长远发展
		加快页岩气示范区建设，形成我国页岩油气产业的勘探开发技术的标准、规范和低成本、市场化运作的综合利用模式，构建页岩气环境保护等可持续发展模式；加快优质区块矿权动用，改善地企关系等外部环境
		全面建成国际领先的能源互联网企业，推动电网向能源互联互通、共享互济的进程
		通过核燃料产业园区的建设，调整能力布局，整集区位优势和资源优势，实现核燃料加工产业在高起点上规模化、集约化、国际化发展，全面提升核燃料加工产业的国际竞争力
		明确各地区保障性风电上网数量以及优先上网政策；强化风电投资监测预警机制，完善海上风电产业政策和沿海各省(区、市)海上风电发展规划，升级完善风电全产业链
		通过太阳能光伏产业政策的不断优化，引导包括外资在内的产业资本，补齐相关产业的短板，进一步提升整个行业的国际竞争力
		基于浮动的电价补贴，免收增值税和土地使用税，按照新能源目录优惠金融贷款
		加强顶层设计，合理布局产业结构；出台生物质能产业发展相关政策，引导社会资本进入生物质能产业；建立生物质能产业相关财税优惠政策及退出机制，引导产业自身升级
		尽快落实《关于促进地热能开发利用的指导意见》，编制全国性地热资源规划，引导地热资源有序开发，加大政策引导和资金扶持力度，推广地热资源开发利用
		加强燃料电池产业战略研究，明确燃料电池产业主管政府部门，尽快出台制定国家层面的燃料电池发展路线图
	资金	依托重大科研项目，积极部署颠覆性技术研发与工程示范；设立洁净煤技术发展专项基金，集中攻关一批制约煤炭清洁利用和低碳转化的基础性问题
		强化产学研结合，完善国家级重大科技项目申报与验收、重点实验室和研发中心建设制度，明确知识产权归属，强化国家级平台的开放属性，促进基础资料的共用共享；鼓励知识产权的有偿转让，推动科研向生产转化
		根据实际需要平衡分配各类研究资金，加大对基础性和前瞻性技术研究的资金投入，完善现有科研资金管理机制，不断提高资金投入产出效率，逐步解决资金使用灵活性较差等问题
		加强中央预算内资金和政府性基金对核能技术创新的支持力度，深化科技计划(专项、基金)管理改革，强化对能源重点领域技术研发和示范应用的支持
		创新市场交易机制，实行可再生能源电力配额制和绿色电力证书交易制度，创新分散式风电商业开发模式，化解分散式项目融资难题；发挥金融对风电产业的支持作用，降低融资成本
		为太阳能光伏产业安排适当的财政资金，加强科研项目等引导，实现从原材料到产品全产业链的自主技术研发
		实施国家级科研计划，加大科研投入，通过技术进步推动太阳能热发电成本下降
		从国家层面拨付专门的资金用于攻克领域内的瓶颈技术；通过政府主导，因地制宜地规划布局生物质能产业，吸引社会资金的注入，共同推动生物质能产业的发展

第四章 能源新技术 2035 年远景目标与战略路线图研究

里程碑		面向2035年
保障层	资金	将地热开发利用项目纳入可再生能源基金补贴范围内，设立地热资源开发利用专项补贴基金，对采用地热(包括浅层地热资源)供暖制冷的项目，根据当地经济发展水平，按照东、中、西部每平方米补贴30~100元
		加大对燃料电池基础设施全产业链的补贴政策及金融支持，设立对应的约束和监督机制、考核机制，科学引导各类资金投入，梯次部署一批示范项目
	人才	加强对洁净煤技术创新人才的自主培养，通过行业、企业、院校合作，形成本科—硕士—博士连续性、跨学科的洁净煤工程科技人才培养通道
		以对外合作项目为依托，学习国外先进技术和理念，引进国际顶尖人才；消除人才流动壁垒，实现人才在高校、科研院所、石油企业之间的有序流动；适度放松科研经费使用管理，激发科研人员的工作热情和创新意识
		围绕"十四五"科技发展对科研团队的需求，建立多渠道、多层次的人才引进和培养机制
		整合行业研发资源，注重人才培养，建立国家实验室与国家科学中心、科技创新中心、国家重点实验室等科技平台；建立大型工程实验室以及企业级创新研发平台
		加快风电领域高水平科技人才队伍建设，注重高层次专业技术、管理技术人才的培养，积极引进国外高技术人才，加强薪酬和激励管理，确保稳定的人才研究团队
		加强国际合作与交流，进一步强化高校、科研院所太阳能光伏相关专业建设，培养从源头创新的能力
		推动我国太阳能设备制造技术和人才"走出去"发展，鼓励企业在境外设立技术研发机构，实现技术和智力资源跨国流动和优化整合
		通过国际国内交流，加强国内生物质能领域专业人才培养；引进相关专业紧缺人才；针对瓶颈技术，通过立项引导，建立专门的人才队伍
		建立我国地热人才培养体系和科研梯队，真正形成地热科技自主创新力和核心竞争力，由国家给予人才政策倾斜，重新整合全国优势力量，加强地热技术人才的引进和培养的常规化
		鼓励大专院校设置燃料电池专业，加强职业性院校相关技能型人才培养

图 4.1 能源新技术产业面向 2035 年发展战略路线图

第五章　能源新技术新兴产业区域布局及国际化发展战略研究

重点布局京津冀、长三角地区、粤港澳大湾区等能源转型和经济发展的示范区作用，探索分布式能源与储能、电动汽车等负荷侧资源相结合的综合能源系统发展新模式（世界资源研究所，2021）。跨区域组织开展共性关键技术尤其是深水区海上风电关键技术的科学攻关，力争尽快形成国际一流的成套关键技术、完整产业链和先进管理经验，打造海上可再生能源带（全国能源信息平台，2020）。探索化石能源燃烧总量的退出与优化路径，大力发展绿色低碳产业，实施节能与提高能效。充分发挥示范区的优质地热田资源，以及被动式建筑和分布式光伏产业。借助垃圾分类的良好契机，推动生物质发电和供热产业的广泛布局，有效降低碳排放。

我国能源新技术领域的国际合作不断拓展，为应对气候变化作出了中国贡献。作为全球最大的可再生能源市场和设备制造国，我国将持续深化可再生能源领域国际合作。可再生能源在中国市场的广泛应用有力促进和加快了可再生能源成本的下降，进一步推动了世界各国可再生能源开发利用，加速了全球能源绿色转型进程。与此同时，近年来我国在共建"一带一路"国家可再生能源项目中的投资额呈现持续增长态势，未来将积极帮助欠发达国家和地区推广应用先进绿色能源技术，为高质量共建绿色低碳的"一带一路"贡献中国智慧和中国力量。

第一节　区　域　布　局

（一）煤炭清洁高效转化与利用

通过不断完善能源法规及环境保护标准化机制，在约束区域煤炭资源消耗量的同时，促进区域经济发展模式的调整和优化，加快煤炭行业健康有序发展。区域经济发展模式的优化和调整不仅有利于解决区域经济发展不均衡的问题，而且有利于将我国煤炭资源消费控制目标差异化与具体化，不同区域指标的按时完成将有助于我国顺利完成煤炭资源消费总量的控制目标（岳宝德，2020）。严控东中部煤电新增规模，在对煤电有切实需求的省区市有序放开部分停缓建煤电项目，但不再核准新的煤电项目，并继续淘汰落后产能，转而深耕西部煤电大基地，实施煤电一体化发展，依托特高压输电网络实现更大规模的资源优化配置。

(二) 非常规油气开发利用

加大关键技术攻关，建设川渝页岩气规模商业开发基地，宜昌等页岩气产建新区初具规模，实现产量快速增长；沁水盆地、鄂尔多斯盆地东缘两个煤层气产业化基地规模持续扩大，形成南方、新疆煤层气新阵地；页岩油取得商业突破，初步形成准噶尔、四川、鄂尔多斯、渤海湾、松辽五大陆相页岩油增储上产阵地。加大资源评价和技术研发力度，海陆并举，前瞻性布局天然气水合物。

(三) 能源互联网与先进输电

抢抓新型基础设施建设（新基建）政策机遇，加快形成能源互联网产业集群。精准定位能源互联网装备薄弱环节，加强产业协同创新，进一步提升其在全国的引领地位，实现能源互联网产业高质量发展；突出现有能源互联网产业优势，针对产业链发展薄弱环节，编制能源互联网产业招商指南，实施定向招商，推动能源互联网和先进输电上下游产业链的协同发展；瞄准产业龙头企业，明确产业链招商重点领域，引进供应链配套项目；加强能源互联网行业主要设备及重要零配件标准体系建设工作；拓展示范应用，形成一批由本地能源互联网企业冠名的配套改造示范工程；增强创新能力，加快推进技术创新、产品创新，推动企业核心竞争力和产业发展水平跃上新高度；把准方向，推动产业向高端化、绿色化、智能化、融合化发展，持续做强主导产业，加快做优支撑产业，发展壮大新兴产业。

(四) 核能

未来核电建设以自主品牌"华龙一号""国和一号"三代核电为主，根据示范工程建设情况、运行状况、市场需求等，适当考虑商业项目。布局主要集中在东部沿海地区，主要分布于环渤海、长三角和珠三角。

(五) 风能

我国风能资源非常丰富。随着低风速风电技术的突破，我国中东部和南方等广阔低风速风能资源开发成为可能。未来我国陆上风电将形成"三北"风电大基地开发建设与中东部和南方地区分散式风电开发建设齐头并进的战略格局。海上风电由于具有发电利用小时数高、不占用土地、靠近东部电力负荷中心、避免长距离输电等优势，将实现在我国渤海、黄海、东海、南海四大海域全面开花的战略布局，全面积极布局发展海上风电也符合经略海洋、建设海洋强国的国家战略大局。

（六）太阳能光伏

优化太阳能光伏产业空间布局，形成西部大型电站和中东部分布式电站并重的格局。在西部太阳能资源丰富的地区，布局太阳能光伏多晶硅提纯、电解铝等高耗能行业，通过光伏发电制造多晶硅或铝锭，实现西部太阳能光伏发电的就地消纳，进一步降低太阳能全产业链的碳排放，降低光伏发电对当地电网的冲击。在中东部地区，通过户用光伏、自发自用、余电上网等，解决光伏消纳难题。

（七）太阳能光热

太阳能热发电产业基地在中东部布局，电站在西部布局。除燃料以外，我国煤电产业基地主要集中在中东部地区，如锅炉、汽轮机、冷却器、钢铁、水泥等制造业，玻璃原片、化工材料等也以中东部为主。太阳能热发电的产业结构与传统煤电的产业结构具有很大的相似性，传统煤电产业可以很容易转型为太阳能热发电产业。我国西部地区风电、光伏发电具有装机容量大，需要向东部地区长距离输送的特点，西部风电、光伏发电的出力与东部电力需求在时间和空间上不匹配，须将大规模太阳能热发电站与风电场和光伏发电站组成可再生能源基地，太阳能热发电站起到传统煤电作为备用电站的作用，在保障电力输送稳定的同时，增加可再生能源发电装机容量，也可以降低备用电站的成本。

（八）生物质能

生物质能产业布局取决于原料种类和分布密度，资源评估是生物质能产业合理布局的前提。我国幅员辽阔，原料资源呈现空间分布差异，例如，南方农作物废弃物以稻秆和稻壳为主，北方农作物废弃物以玉米秆和玉米芯为主。生物质能产业具有原料依赖属性，其产业布局需以资源评估为基础，获得原料种类和分布密度的信息，选择合适的转化技术和地点建厂。就我国资源分布特点而言，东北三省、京津冀和长江经济带可布局生物质发电、生物质成型燃料、燃料乙醇、生物柴油和生物天然气行业，山西、内蒙古等煤炭资源丰富区可重点发展燃煤耦合生物质发电和煤改气制燃料乙醇行业，长三角城市群和粤港澳大湾区则适合重点布局垃圾焚烧发电、沼气发电、生物天然气和生物柴油行业。

(九) 地热能

在京津冀地区持续加强地热能开发的多能互补，在长江经济带着力开展地热能综合利用，在粤港澳大湾区高效发展地热能开发利用。

京津冀地区需要庞大的清洁能源来支撑打赢蓝天保卫战。该地区具有丰富的太阳能和风能资源，开发利用地热能，多能互补，实现采暖、供冷及其他应用，已成为改善城市大气环境、减少温室气体排放的有效途径。推进雄安新区地热能高质量发展，打造全球样板，推动建立泛雄安绿色低碳技术集成创新示范区。目前地热能的供暖能力与需求仍有很大差距。因此，开发利用地热能是继续深化京津冀能源结构改革、推广地热资源开发利用的必要手段。丰富的资源储量为京津冀地区开发利用地热资源奠定了基础。

长江经济带地热资源开发潜力巨大，应开展浅、中和深层地热能的开发利用，开展多种形式的综合利用，坚持地热资源开发与环境保护并重，促进地热资源的永续利用。充分发挥长江经济带横跨东、中、西三大板块的区位优势，以及充沛的水资源优势，按照高端城市群为主体形态的城镇化战略布局，依托上海世博轴、南京江北新区、武汉滨江商务区等一系列大型江水源供暖（制冷）项目，推动成都、南京、重庆等沿海沿江大型城市建设集中式地热开发利用项目，打造长江地区高起点高水平地热发展链，实现生态优先、绿色低碳的高质量发展（赵丰年，2020）。

粤港澳大湾区地热资源储量大、分布广，发展前景广阔，市场潜力巨大。充分开发利用地热能对实现粤港澳大湾区非化石能源目标、降低能源资源压力、促进生态文明建设具有重要的实际和战略意义。在粤港澳大湾区实现地热发电所需高性能热电材料宏量制备技术突破，形成浅层地热能开采新技术，突破干热岩开采新技术，打造粤港澳大湾区地热能梯级利用示范工程，形成成熟的地热能勘探、开采、利用的全套技术（谢和平，2019）。

(十) 氢能与燃料电池

目前，我国氢能产业以城市群合作发展为基础，未来基本形成"东西南北中"五大区域全产业链协同布局。

燃料电池车研发与示范以上海、江苏和山东为代表。这些地区早在"十一五"期间便依托国家高技术研究发展计划（863 计划）项目进行燃料电池车研发，并在 2010 年上海世博会期间进行了示范运行。围绕燃料电池车和关键零部件的研发，氢能产业链制取、储运和加氢站等环节配套建设逐步完善，上海和山东已出台氢能发展整体规划，长三角氢走廊建设稳步推进，商业生态初具雏形。2021年8月26日，财政部、工业和信息化部、科技部、国家发展改革委、国家能源局正式批复上海燃料电池汽车示范应用城市群为首批示范城市群。

在燃料电池车示范应用方面，佛山、云浮率先布局，广州、深圳借力布局，开展新技术研发，形成了佛山、广州、深圳三大氢燃料电池汽车创新核心区。依托已建年产5000套燃料电池系统、在建年产2万套燃料电池系统、6万台燃料电池商用车等项目，氢能产业链逐步完善。截至2020年12月，广东累计建成30座加氢站，是全国加氢站数量最多的省份。

以北京、河北和辽宁为代表的北部地区是中国较早开展燃料电池电堆和关键零部件研发的地区，并在2008年北京奥运会期间进行了燃料电池车试运行。依托在建年产1.3万套燃料电池系统、6600吨制氢等项目，氢能产业链逐步完善。2021年8月，由北京市牵头申报的京津冀氢燃料电池汽车示范城市群被联合批准为首批示范城市群。

以湖北和河南为代表的中部地区是中国燃料电池重要零部件研发和客车大规模示范地区。依托已建年产100万件膜电极、在建年产100万吨液体有机储氢材料、1000套燃料电池发动机、2000台燃料电池客车等项目，逐步打造氢能产业链。

四川油气资源丰富，水电装机容量位居全国前列，仅年调峰弃水电量高达139.96亿千瓦·时，装机弃水电量约500亿千瓦·时，是国内可再生能源制氢和燃料电池电堆研发的重要地区，电解制氢可供给百万台燃料电池车运行。

第二节　国际化发展战略

（一）煤炭清洁高效转化与利用

以国际自由贸易规则为基础，以资源开发和资本运营为核心，鼓励国内煤炭企业及相关市场主体围绕勘探设计、基本建设、生产开发、转化利用、市场开拓、物流运输、装备制造、基础设施等煤炭产业链领域，积极参与共建"一带一路"国家（特别是南亚、东南亚、东亚、欧洲的国家）煤炭产业合作。发挥煤炭装备制造与超低燃煤发电技术的优势，输出成熟、先进的工程服务、采掘装备机械和煤电技术，带动我国煤炭上下游产业向外向型经济转型，实现从产品输出到人力、装备和技术输出，提升我国煤炭装备的全球市场占有率。加大海外专利申请力度，注重我国企业在"走出去"参与建设过程中的专利布局，防范知识产权纠纷与贸易摩擦风险。在保证资源安全、产业安全、生态安全和国家社会经济安全的大前提下，充分发挥国内、国外两个市场的作用，通过煤炭产业的转型升级与结构调整，将行业做精、做强，尽早建设与基础能源地位相称的安全环保、科技含量高、人才队伍结构合理、适应产业变革与经济竞争的强大煤炭工业体系，实现我国从煤炭资源大国向煤炭资源强国转变（张博等，2019）。

（二）非常规油气开发利用

统筹利用国内国外两种资源、两个市场，在加大国内非常规油气资源勘探开发力度的同时，积极参与共建"一带一路"国家（特别是南亚、东南亚、东亚、欧洲的国家）油气产业合作，积极参与海外区块竞标，获取海外优质非常规油气资源。积极向海外推广电动压裂泵等特色装备，力争获取市场份额。

（三）能源互联网与先进输电

全方位加强国际能源合作是"十四五"时期推动能源高质量发展、实现开放条件下能源安全的必然要求。统筹利用国内国外两种资源、两个市场，积极推动国外优质、经济的清洁电力"引进来"和我国技术、装备、产能"走出去"，积极推动和引领全球能源互联网发展，全面提升我国能源电力发展质量和效益。

加快我国与周边国家电力的互联互通。发挥我国能源互联网平台的枢纽作用，推进与周边国家的电力互联，有效利用国际资源和市场，扩大跨国电力贸易规模，助力"一带一路"建设走深、走实。积极推动全球能源互联网发展。发挥我国电力行业综合优势，强化全产业、跨领域资源整合和优势互补，围绕全球能源互联网联合开展技术攻关、项目开发、市场开拓，创新商业模式，打造新的效益增长点。推动能源电力上下游企业加强资源共享、需求对接和项目合作，积极参与全球能源互联网建设。

（四）核能

随着我国核电技术的不断进步，以及核电的持续、稳步发展，我国成为世界上在建核电机组最多的国家。"华龙一号"的研发成功使我国成为具有完全自主知识产权核电技术的国家，因此，我国核电已具备出口的能力和竞争力。

据统计，截至 2021 年 3 月，世界上共有 72 个国家已经或者正在计划发展核电，其中，共建"一带一路"国家有 41 个。一些国家基础设施落后，产业和社会事业发展水平低，主要工业城市和经济中心城市一天只能供电 4~6 小时；绝大部分国家人均用电量与发达国家差距甚远。这些国家经济的发展使其具有加大电力投资的刚性需求。在共建"一带一路"国家中，沙特阿拉伯规划建设 16 台百万千瓦核电机组，苏丹首期规划建设 2 台 600 兆瓦核电机组，二期规划建设 2 台 1000 兆瓦核电机组。此外，缅甸、柬埔寨也正在制定核电发展规划。因此，核电"走出去"的市场前景十分广阔。

（五）风能

风电产业在外循环方面将以技术和装备输出为主，市场主体为共建"一带一路"国家，如沙特阿拉伯等中东国家。随着亚洲风电市场的飞速发展，国内风电整机商加快了对日本、韩国等东亚国家，以及越南、菲律宾、文莱、柬埔寨等东南亚国家的装备产品输出。同时，加强同德国、丹麦等欧洲国家的技术交流，在吸收国际先进技术的基础上，进行适应性改进和创新，开展高可靠、数字化的智能风电机组研制和智慧风电场运行。

（六）太阳能光伏

积极实施"走出去"战略，助力共建"一带一路"国家绿色低碳循环良性发展，实现国际合作共赢。集结我国光伏产业链上主流企业，争取各国政府对光伏产业的支持、开拓光伏新兴市场，联合我国光伏上下游企业在海外建立光伏产业基地，与各大新兴市场形成友好型贸易合作伙伴。通过技术支持、能力建设、咨询服务等多种方式，助力共建"一带一路"国家发展清洁能源产业。

（七）太阳能光热

太阳能热发电产业积极参与全球竞争，逐步在全球市场占据主导地位。我国太阳能热发电产业具有成本低、产能大的优势，目前已经成为全球市场中不可忽视的力量。随着首批示范项目的实施，我国行业内企业具备了业绩资质，进一步突破了国外的业绩壁垒，国内近期的市场规模占同期全球市场规模的 1/3 以上，既拉动了国内产能，也积累了施工和运维经验。目前我国企业积极参与全球电站项目投标，正在把由欧洲、美国传统太阳能热发电企业占主导地位转变为中国企业占主导地位。当前中国企业在制造和工程领域处于优势地位，但是在设计与技术咨询领域，欧洲、美国相关企业仍然领先，是中国行业内相关企业追赶的目标。在国际市场中，中国企业以交钥匙工程和建设-运行-转让（build-operate-transfer，BOT）形式为主。这种发展战略需要很强的技术和资本支持，需要国家在政策上予以倾斜。

（八）生物质能

生物质发电和供热行业以技术与设备输出为主，市场主体为共建"一带一路"国家；生物燃料行业以产品输出为主，市场主体为欧洲国家。生物质发电和供热行业的产品为电和热，难以运输，通常自产自销，但是生物质发电和供热的技术与设备可以借助"一带一路"倡议输出到共建"一带一路"国家。欧洲可以作为生物质成型燃料和生物柴油的主要输出市场，同时可引进先进的生物天然气生产技术和设备，用于国内生物天然气行业的技术升级。日本和韩国也是生物质成型燃料的潜力市场。

（九）地热能

与共建"一带一路"国家在高温地热能领域加强交流、合作，推动我国深部地热资源开发进程。"一带一路"倡议作为一个广泛且多元化的合作平台，将为我国和其他国家能源合作提供更加良好的机遇。伊朗、土耳其、意大利、印度尼西亚、肯尼亚等共建"一带一路"国家位于全球高温地热带，高温地热资源十分丰富。与共建"一带一路"国家在地热能开发利用方面加强交流、合作，有助于推动我国地热能产业快速发展。

我国参与"一带一路"可再生能源合作面临诸多问题，主要障碍包括项目融资成本过高、标准的国际认可度不高、共建"一带一路"国家可再生能源扶持力度不足及存在相关法律和政策风险等。在深部地热资源开发利用的国际市场上，我国落后于地热能利用先进国家，德国、冰岛、日本、意大利等国家在这一领域的经验值得学习，应借鉴这些国家的地热资源前期开发经验，加快推进我国在地热资源领域的研究进度，尽快实现深部地热资源的工业化应用。

（十）氢能与燃料电池

强化国际合作，提升氢能产业发展国际化水平，依托"一带一路"倡议等，更高水平地做好"引进来"和"走出去"工作。围绕全球氢能产业高质量、可持续发展，创造更多的共商、共建、共享和共赢的合作机遇。建立国际性的氢能燃料电池创新平台，深入开展国际双边领域的技术合作，积极参与国际多边领域的合作项目，联合开展共性关键技术研发和成果共享。支持行业组织、企业、高校、科研院所等加强与国际组织的对接，不断提高国内组织统筹整合全球资源的能力，为氢能产业国际化发展奠定良好基础。鼓励氢能及燃料电池相关企业产品"走出去"和"引进来"。发挥我国超大规模多层次国内市场的优势，积极引进国外领先企业、高端人才等资源，务实开展技术攻关、人才培养等全方位合作。

第六章 措施建议

"十四五"时期，我国能源发展将面临更加复杂的新形势，能源新技术战略性新兴产业的发展既面临机遇，又面临众多挑战，应着眼于我国的基本国情与国家经济社会发展的重大战略需求，深入贯彻新发展理念和能源安全新战略，紧密围绕"以国内大循环为主体，国内国际双循环相互促进"的新发展格局，充分结合全球能源生产和消费第一大国的市场优势，坚持以保障国内能源安全为重心，提升产业链供应链现代化水平，实现技术创新驱动产业发展，助力实现能源工业高质量发展，建议应从战略、政策、技术、资金、国际合作等方面积极谋划，通过改革创新破解发展难题，使我国真正成为引领世界能源新技术及产业发展的创新型国家。

（一）加强顶层设计，重新明确能源领域新兴产业范畴与定位，以发展能源新技术产业作为保障我国能源安全的主要发力点，保持能源规划目标与政策的一致性、延续性和有效性，重新定位多种能源的融合发展

在各级政府出台的战略性新兴产业发展规划中，调整新能源产业为能源新技术产业，将节能产业从节能环保产业中独立且并入能源新技术产业，将能源新技术及产业作为能源高质量发展、确保国家能源安全的立足点与新经济增长点。加强能源新技术新兴产业的统计体系建设，保持能源规划目标与政策的一致性、延续性和有效性，避免产业政策令出多门及规划目标调整过于频繁，确保能源新技术产业相关规划的权威性。持续推进煤炭清洁高效转化与利用，加大非常规油气资源勘探开发，全面推进清洁替代和电能替代，推广应用储能，加快建设特高压电网，通过风、光、水、储、输协同，满足新增能源需求，为"十四五"时期经济社会发展提供清洁、安全、高效的能源保障。

"十四五"时期能源相关发展规划需重新定位多种能源的融合发展。现阶段，电力、石油、煤炭、天然气等多种能源互补，产供销协调生产开发利用的标准体系缺失，尚未建立现代能源体系。不同种类的能源供给、运输、消费、储能技术等产供销一体化市场体系仍不完善，各个国家、地区、能源行业之间受地缘政治、行业壁垒等影响，没有形成有效的市场融通和协作共享机制。理顺能源产业管理

的体制机制，形成新型能源生产消费体系和管控体制，完善能源市场准入政策，构建综合能源服务体系，形成以清洁能源为主导、以电能为中心、以能源互联网为资源配置平台的发展新格局。以市场为导向，各方参与，打破地方和行业壁垒，优先制定和执行能源灵活价格政策、激励政策和改革措施，营造绿色、低碳、开放、包容的能源发展环境。从技术、经济等诸多方面优化制约能源互联网产业发展的影响因素，跨越地缘政治、行业壁垒的限制。

（二）高度重视评估能源领域科技攻关项目或重大工程落地方案，大幅度提高能源新技术研发投入，强化关键核心技术攻关与项目立项，精准布局重大工程与示范区建设

坚持科技创新、自主可控，为产业发展注入新动力。建议重点围绕先进燃煤发电、非常规油气开发、能源互联网与综合能源服务、核能、风能、太阳能光伏发电、太阳能热发电、生物质能、地热能、氢能与燃料电池等 10 个领域开展关键核心技术攻关；设立 IGCC 和 IGFC 高效发电系统等工程科技攻关项目，确保项目实施的可行性和可操作性；设立多能互补分布式能源重大工程，以及河北雄安新区和华南沿海地区两个能源新技术集成创新示范区。强化企业在能源技术创新决策、研发投入、科研组织和成果应用中的主体作用，形成一批具有国际竞争力的能源企业。避免低水平重复投资，支持技术装备国产化，发挥财政资金的市场引导作用，支持成熟技术的推广应用，完善产品质量保障和服务体系建设。促进金融支持实体经济发展，促进科技成果转化，杜绝急功近利、包装上市等行为。改善营商环境，降低企业经营成本，强化创新动力（企业主体地位、市场准入门槛、投融资渠道、知识产权保护）。

加强能源领域先进制造业基地建设，采用现代化经济体系建设的发展理念，顺应科技革命的发展趋势，形成经济增长的新动力，有效支撑我国从制造大国迈向制造强国。建设先进制造业基地，要充分发挥我国的既有优势。就目前全部制造业的 39 个大类来看，我国是唯一一个产业体系完整的国家，这就是我们最大的"本钱"。在这一基础上建设先进制造业基地：一是彰显产业特色，做大做强特色产业集群，加快提升中国制造的技术、标准、品牌和集群竞争优势；二是接轨国际重要的制造业，充分利用国际国内两种资源、两个市场，适应国际产业结构调整的新变化，跟上国际制造业发展的新趋势，参与国际产业分工；三是充分体现先进性，突出技术创新，坚持以信息化带动工业化，既要改造提升传统产业，巩固原有产业优势，又要布局未来前沿产业、培育战略性新兴产业，构筑新的竞争优势；四是坚持绿色发展理念，在推动可持续发展的关键领域和技术方面取得更好的突破，实现工业化和资源、环境、生态的协调发展。

（三）加强能源新技术战略性新兴产业关键领域核心环节制度建设与"卡脖子"技术装备攻关

加强煤炭清洁高效利用技术创新，积极发展新型煤基发电技术，全面提升煤电能效水平；推动现代煤化工产业升级示范及在燃煤污染物超低排放和碳减排、煤炭资源综合利用等方面取得突破性发展。持续提升发电用煤效率，逐步管控燃煤发电污染物排放从超低排放进入近零排放时代。建立清洁高效利用产业用煤的行业技术选择标准，针对煤炭利用与转化效率、污染物排放和碳排放情况建立洁净煤技术的备选库、可行性评价规范和补贴标准，通过规范化技术管理实现洁净煤技术发电的持续、可靠、达标、经济运行。基于碳市场交易、碳排放的政策引导，将 CCUS 技术成本转移至最终消费端，提升 CCUS 技术的经济可行性。积极引导先进煤化工、煤炭分质分级利用，研究低阶煤制氢、煤基燃料电池发电等技术，为未来煤炭的更大规模充分利用提供可能。

参照煤层气、页岩气等非常规油气资源的财税扶持政策，研究出台页岩油开发利用财政补贴政策，推动页岩油产业顺利起步。加强非常规油气资源顶层设计，激发各方积极创新，加大非常规油气资源投入。建立鼓励油气企业加大非常规油气资源创新投入的考核机制，鼓励社会资本参与非常规油气勘探开发，促进非常规油气产业健康发展。加强非常规油气勘探开发关键技术攻关，加大旋转导向等关键工具、装备研发和推广应用力度，加强大数据、人工智能在油气工程中的应用，保障页岩油气产业的快速发展。

加快建设清洁主导、以电为中心、互联互通的能源互联网。加强开展能源互联网、先进输电领域关键技术装备的研究与研发示范。构建综合能源服务体系，形成以清洁能源为主导、以电能为中心、以能源互联网为资源配置平台的发展新格局。能源路由器等关键技术装备及支撑能源互联网海量信息流的大数据、云计算、人工智能等信息通信技术尚未完全成熟，应加强能源互联网、先进输电领域关键技术装备的研究。

对已纳入我国核电中长期发展规划的内陆地区核电厂址，应加强厂址保护，为电力工业总体布局与长远发展做好储备。

完善和创新市场交易机制，实行可再生能源电力配额制和绿色电力证书交易制度，建立可再生能源电力消纳激励机制。完善促进风电产业发展的政策措施，建立适应风电规模化发展和高效利用的体制机制；认真落实可再生能源发电全额保障性收购制度，明确各地区保障性风电上网数量及优先上网政策，强化风电投资监测预警机制，将风电消纳利用水平作为风电开发建设管理的基本依据，积极采取有效措施解决存量风电消纳难题，增强配额制约束力，使各地发展风电的动力由利益转变为主体责任。完善分布式风电发展规划、管理规范和技术标准体系建设，简化分布式风电项目核准流程，放宽分布式风电项目用地限制，创新分布式风电商业开发模式，化解分布式风电项目融资难题。完善海上风电产业政策和沿海各省（区、市）海上风电发展规划，完善海上风电价格政策，加快海上风电技术标准体系和规程制定；加强风电应用基础和共性关键技术研究，加快超大型海上风电机组及其关键部件、漂浮式风电装备等重大技术攻关，促进企业自主研发创新，升级完善风电全产业链；强化风电产品质量监督管理，加强产品检测认证。加强风电产业国际交流合作，积极参与国际技术合作和国际标准体系建设。发挥金融对风电产业的支持作用，降低融资成本，增强风电项目经济性，提升风电行业抗风险能力。

针对我国光伏产业存在的融资难等问题，应充分发挥金融创新等多个模式，降低薄膜电池导电玻璃、太阳能集光镜玻璃、建筑用导电玻璃、高新太阳电池生产专用设备、新能源发电成套设备或关键设备、光伏发电设备、太阳电池、太阳能空调、直径为200毫米以上硅单晶及抛光片、直径为300毫米以上大硅片、新能源电站建设与经营、电网建设与经营等部分技术短板领域的研发准入门槛。在实施浮动电价前，太阳能热发电仍然需要电力补贴，政府通过制定科技计划推动技术进步降低成本。太阳能热发电成本电价明显高于风电和光伏发电成本电价，在没有补贴的情况下，无法参与电力市场的价格竞争。切实落实《中华人民共和国可再生能源法》，对优质可再生能源在价格上予以支持，是太阳能热发电持续发展的政策前提。在国际上，推动太阳能热发电成本下降的主要手段有两个：一个是市场拉动，通过扩大产业规模降低成本；另一个是技术拉动，通过政府的科技项目推动技术进步降低成本，如美国能源部"太阳能攻关"（SunShot）计划，我国也需要出台相应的计划支持太阳能热发电技术的发展。

生物质能产业需要继续加大科研攻关力度，完善行业标准，出台合理的激励政策和保障措施，加速构建成熟的商业化运营模式。生物质发电行业发展成熟，但是生物质锅炉燃烧效率需要进一步提升，生物质成型燃料生产设备的使用寿命有待提高，生物质气化效率及净化提纯、沼气大型设备的整体效率及净化提纯还存在难题，生物液体燃料尤其是先进燃料方面产业化的关键技术还存在瓶颈，这些技术难题的突破有赖于持续性的科研攻关。建议列出需要攻克的关键技术清单（如纤维素燃料乙醇的预处理技术和高效低成本纤维素酶制备技术），有针对性地、持续性地投入科研经费，整合优质科研力量进行专门研究，直至取得技术突破。完善行业技术标准、产品性能指标标准、设备性能指标标准等，构建行业标准体系，促进行业健康发展。建立原料收集标准体系，出台原料收集和产品生产的财政激励政策，采取行政措施保障生物质能产品多渠道的销售路径和政策的持续性，加速建成成熟的生物质能产品商业化运营模式。

积极促进浅层地热、水热型地热与干热岩型地热协同发展。在浅层地热方面，开展农村地区浅层地热能分布式开发利用调查评价，重点进行京津冀及周边等北方采暖农村地区浅层地热能调查评价，推进区域节能减排；重点调查评价长江经济带地区，解决冬季供暖问题。在水热型地热方面，进行探测、开发技术的研发及综合利用示范工程的建设，统一规划、统一开发、统一监测，确保地热资源的可持续利用，引入商业资金，推动地热资源规模化的开发。在干热岩型地热方面，调整思路，放慢节奏，在认识全国地热背景及地热异常区的地温场特征、构造背景条件的基础上，开展干热岩钻探、试验与开发，建立干热岩勘查开发示范工程，攻关核心技术，形成技术体系。

加强氢能和燃料电池产业发展路线顶层设计，加快标准、检测、认证体系建设。中国的氢能产业与国际先进水平仍然存在不小的差距，借鉴发达国家的历史经验和布局思路，制定符合中国国情的氢能战略和规划，加强顶层设计和区域协同，进一步明确国家战略导向。加大标准研究力度，开展关键技术标准的制修订工作，满足氢能与燃料电池产业快速发展的需求。设立氢能与燃料电池领域国家重大专项、国家级平台与创新发展基金。产学研协同突破产业关键核心技术，加快关键部件和设备的国产化进程。目前，中国氢能产业核心部件与设备大多依赖进口，这为产业持续发展带来风险。应发挥氢能产业基础研究优势，建立国家与地方、行业与企业的创新研发体系，提高研发资金投入效益和研发效率。鼓励依托龙头企业或产业技术创新联盟，建立国家技术创新中心，以产业需求为导向，进行市场化运作、开放式合作，建立研发平台及资源信息共享平台，促进从基础研究、关键技术攻关、应用示范到产业化转化的创新能力提升，保障中国氢能产业核心技术。大力推进示范应用，以产业发展带动科技创新。明确氢能基础设施建设的审批主体，理顺责任关系，规范审批流程。充分发挥国家政策引导作用，调动地方政府积极性，在氢能资源或可再生能源富集的城市（区域）以及经济基础好、环保压力大的城市（区域）推动并加快氢能产业示范应用，以产业为依托，带动科技创新由基础研究向应用研究转变，实现科技创新和产业发展双向促进。加强安全管理，落实监管责任。强化制氢、储运氢、加氢、用氢等各环节主体安全风险意识，制定切实可行的安全风险防范规章制度。建立氢能运营监测体系，实现储运氢设施、加氢站实时监测和分析预警。加强加氢站关键零部件本土化，加氢站站控及加注智能化。实现燃料电池关键材料（催化剂、膜、碳纸）的批量化生产，突破关键零部件（空气压缩机、直流-直流变换器）等核心技术。加强多类型燃料电池系统示范运行与安全试验。针对提高燃煤发电效率、实现碳近零排放的需求，开展以 IGFC 为代表的分布式发电示范应用；针对大规模弃风弃光，开展 SOFC/SOEC 调峰及储能应用研究；开展大规模制氢、储氢和输配工程示范；突破催化剂、膜电极、双极板等关键材料制备，加快 SOFC、SOEC 与直接甲醇燃料电池（direct methanol fuel cell，DMFC）等技术攻关与装备国产化。

参 考 文 献

北极星太阳能光伏网，2020. 消纳空间 48.45GW、光伏制造业规范从严 5 月份光伏政策高能不断！[EB/OL].（2020-06-15）[2023-08-15]. http://guangfu.bjx.com.cn/news/20200615/1081026.shtml.

工业和信息化部，2020. 工业和信息化部关于修改《新能源汽车生产企业及产品准入管理规定》的决定[EB/OL].（2020-07-24）[2023-08-15]. https://www.miit.gov.cn/xwdt/gxdt/sjdt/art/2020/art_c1b96a36c1c444febe93f5d463111103.html.

国家发展改革委，2019. 产业结构调整指导目录（2019 年本）[EB/OL].（2019-10-30）[2023-08-15]. https://zfxxgk.ndrc.gov.cn/web/iteminfo.jsp?id=18453.

国家发展改革委，国家能源局，应急部，等，2020. 关于印发《关于加快煤矿智能化发展的指导意见》的通知[EB/OL].（2020-02-25）[2023-08-15]. https://www.gov.cn/zhengce/zhengceku/2020-03/05/content_5487081.htm.

国家发展改革委，司法部，2020. 国家发展改革委 司法部印发《关于加快建立绿色生产和消费法规政策体系的意见》的通知[EB/OL].（2020-03-11）[2023-08-15]. https://www.gov.cn/zhengce/zhengceku/2020-03/19/content_5493065.htm.

国家能源局，2020a. 国家能源局关于印发《2020 年能源工作指导意见》的通知[EB/OL].（2020-06-22）[2023-08-15]. http://www.nea.gov.cn/2020-06/22/c_139158412.htm.

国家能源局，2020b. 国家能源局关于《中华人民共和国能源法（征求意见稿）》公开征求意见的公告[EB/OL].（2020-04-10）[2023-08-15]. http://www.nea.gov.cn/2020-04/10/c_138963212.htm.

国家能源局，2021. 国新办举行中国可再生能源发展有关情况发布会[EB/OL].（2021-03-30）[2023-08-15]. http://www.nea.gov.cn/2021-03/30/c_139846095.htm.

全国能源信息平台，2020. 两会速递｜民进中央：高水平打造粤港澳大湾区海上可再生能源带[EB/OL].（2020-05-23）[2023-08-15]. https://baijiahao.baidu.com/s?id=1667432390383222624&wfr=spider&for=pc.

人民网，2017. 人民日报：推动世界能源转型发展的中国智慧——深入学习贯彻习近平主席关于建设全球能源互联网的重要讲话精神[EB/OL].（2017-07-03）[2023-08-15]. http://opinion.people.com.cn/n1/2017/0703/c1003-29377495.html.

陕西延长石油集团，2020. 加拿大 ACTL 项目投入运行：将分阶段实现世界最大的 CCUS 项目[EB/OL].（2020-06-05）[2023-08-15]. http://ccus.sxycpc.com/info/1073/2989.htm.

世界资源研究所，2021. 长三角地区分布式可再生能源发展潜力及愿景[R]. 华盛顿：世界资源研究所.

孙旭东，张博，彭苏萍，2020. 我国洁净煤技术 2035 发展趋势与战略对策研究[J]. 中国工程科学，22（3）：132-140.

谢和平，2019. 粤港澳的地热风口[J]. 中国石油石化（5）：17-19，16.
岳宝德，2020. 煤炭资源消费模式转型升级路径探析[J]. 现代管理科学（1）：39-41.
张博，彭苏萍，王佟，等，2019. 构建煤炭资源强国的战略路径与对策研究[J]. 中国工程科学，21（1）：88-96.
赵丰年，2020. 新形势下地热能行业发展规划基础及目标展望[J]. 当代石油石化，28（6）：10-15.
智研咨询，2020. 2019 年我国光伏产品出口额约 207.8 亿美元，2020 年国内外需求迎来共振[EB/OL]. （2020-03-23）[2023-08-15]. http://www.chyxx.com/industry/202003/845183.html.
中国电力企业联合会，2020. 中国电力行业年度发展报告 2020[R]. 北京：中国电力企业联合会.
中国电力设计规划总院，2019. 中国电力发展报告 2019[R]. 北京：中国电力设计规划总院.
中商情报网，2020. 2019 年中国氢燃料电池市场分析：装机量 128.1MW 同比增长 140.5%[EB/OL]. （2020-02-29）[2023-08-15]. https://baijiahao.baidu.com/s？id=1659856161986799600&wfr=spider&for=pc.
BP，2019. BP statistical review of world energy 2019[R]. London：BP.
IEA，2019. World energy outlook 2019[R]. Paris：IEA.
IEA，2020. CCUS in clean energy transitions[EB/OL]. （2020-09-24）[2023-08-15]. https://www.iea.org/reports/ccus-in-clean-energy-transitions.
REN21，2020. Renewables 2020 global status report[R]. Paris：REN21.